시와 여가

인공지능총서

인공지능 시대입니다. 기계가 인간의 인지를 대신하고, 사물이 인간을 통하지 않고 다른 사물과 직접 커뮤니케이션합니다. 이에 따른 인간 삶과 문명 변화를 정확히 이해·예측·대응하는 것은 이 시대 우리 모두의 과제입니다. 인공지능총서는 인공지능 기술과 환경의 여러 주제를 10가지 키워드로 정리합니다. 관련 개념과 이론, 학계와 산업계의 쟁점, 우리 일상의 변화를 다룹니다. 인간과 기술의 현재, 미래를 세심히 분석합니다.

일러두기

- 인명, 작품명, 저서명, 개념어 등은 한글과 함께 괄호 안에 해당 국가의 원어를 병기했습니다.
- 외래어 표기는 현행 어문규정의 외래어표기법을 따랐습니다.

처음이세요?

전문가세요?

AI와 여가

정은성

대한민국, 서울, 커뮤니케이션북스, 2025

AI와 여가

지은이 정은성
펴낸이 박영률

초판 1쇄 펴낸날 2025년 10월 16일

커뮤니케이션북스(주)
출판 등록 2007년 8월 17일 제313-2007-000166호
02880 서울시 성북구 성북로 5-11
전화(02) 7474 001, 팩스(02) 736 5047
commbooks@commbooks.com
www.commbooks.com

ISBN 979-11-430-1339-2 03500

책값은 뒤표지에 표시되어 있습니다.

차례

여가의 전환과 인공지능의 도전

21세기에 들어서면서 우리의 일상은 급격한 변화를 맞이했다. 특히 여가 영역에서의 변화는 그 어느 때보다 혁명적이라고 해도 과언이 아닐 것이다. 과거 여가란 단순히 '일하지 않는 시간'으로 정의되었지만, 이제는 개인의 정체성을 형성하고 삶의 질을 결정하는 핵심 요소가 되었다(권석만, 2019).

인공지능(Artificial Intelligence, AI) 기술의 발전은 이러한 여가의 개념을 더욱 복잡하게 만들고 있다. AI는 우리에게 새로운 여가 활동을 제공하는 동시에, 기존 여가 활동의 방식을 근본적으로 바꾸고 있다. 넷플릭스의 추천 알고리즘, 게임 속 AI 캐릭터, 가상현실 여행 등은 모두 AI 기술이 만들어 낸 새로운 여가 경험들이다(송현호, 2023).

하지만 이러한 변화가 과연 우리에게 진정한 여가를 제공하는가? 몇 가지 근본적인 질문들이 제기된다.

첫째, AI 알고리즘이 추천하는 '최적화된' 여가 활동이 과연 인간의 자율적 선택과 우연한 발견의 즐거움을 대체할 수 있을까? 넷플릭스가 내 취향을 완벽하게 분석해 추천한 영화는 우연히 발견한 낡은 DVD만큼 감동적일 수 있을까?

둘째, AI와 함께하는 여가 활동이 인간의 창의성에 미치는 영향은 무엇인가? AI가 그림을 그려주고 소설을 써주는 시대에, 인간은 더 이상 직접 창작할 필요가 없어지는 것일까? 아니면 AI를 도구로 활용해 새로운 차원의 창의성을 발휘할 수 있을까?

셋째, 개인화된 디지털 여가 환경이 사회적 관계에 미치는 복합적 영향을 어떻게 평가해야 할까? 각자의 방에서 VR 헤드셋을 쓰고 가상공간에서 만나는 것이 카페에서 마주 앉아 대화하는 것과 같은 의미의 사회적 관계일까?

넷째, AI가 수집하는 방대한 개인 데이터를 바탕으로 한 여가 서비스가 개인의 프라이버시와 자율성에 미치는 장기적 영향은 무엇인가? 우리의 취향과 감정까지 예측하고 조작할 수 있는 AI 시스템 앞에서 인간의 주체성은 어떻게 보장될 수 있을까?

다섯째, 디지털 기술에 익숙하지 않은 계층과 최신 AI 서비스를 누리는 계층 간의 '여가 격차'는 어떤 사회적 문제를 야기할까? 더 나아가 이러한 격차가 계층 고착화와 사회 통합에 미치는 영향은 무엇일까?

이 책은 이러한 복잡하고 다층적인 질문들에 대한 답을 찾아가는 여정이다. 기술 발전에 대한 무조건적 찬사나 맹목적 비판을 넘어, AI 시대 여가 문화의 명암을 균형 있게 조망하고 인간다운 여가의 미래를 모색하고자 한다.

여가, 새로운 정의가 필요한 시대

여가에 대한 인식은 시대에 따라 크게 달라져 왔다. 고대 그리스에서 아리스토텔레스(Aristotle)는 여가를 '스콜레(schole)'라고 불렀는데(손윤락, 2018), 이는 단순한 휴식이 아니라 학문과 철학을 탐구하는 시간을 의미했다. 중세 시대에는 종교적 성찰의 시간으로, 산업혁명 이후에는 노동에서 벗어난 회복의 시간으로 여가가 인식되었다.

20세기 들어 사회학자 요한 하위징아(Huizinga)는 '호모 루덴스(Homo Ludens)'에서 인간을 '놀이하는 존재'로 정의했다(Tanghe, 2016). 그는 "놀이는 문화보다 오래된 것이며, 문화를 낳게 하는 주요 요소 중 하나다"라고 주장했다. 이후 여가 학자들은 여가를 단순한 시간 개념이 아닌 경험과 활동의 질적 측면에서 접근하기 시작했다.

현대 사회에서 여가는 개인의 자아실현과 밀접한 관련이 있다. 사회학자 바우만(Bauman)이 지적했듯이, 액체 근대성(Liquid Modernity)의 시대에 개인들은 끊임없이 자신의 정체성을 재구성해야 하며, 여가 활동은 이러한 정체성 형성의 중요한 수단이 되었다. 바우만(2013)은 현대인은 고체적 정체성에서 벗어나 유동적 정체성을 가지게 되었으며, 이는 여가 선택에서도 나타난다고 분석했다. 특히 '워라밸' 문화의 확산은 여가에 대한 인식 변화를 보여준다. 과거 '여가는 사치'라는 인식에서 벗어나 '여가는 필수'라는 인식으로 전환되고 있다. 이는 개인의 정신 건강과 창의성, 나아가 사회 전체의 혁신 역량과 직결되는 문제로 인식되고 있다.

디지털 환경에서 태어나고 자란 Z세대에게 여가의 의미는 기성세대와 확연히 다르다. 이들에게 온라인과 오프라인의 경계는 모호하며, 디지털 공간에서의 활동도 충분히 의미 있는 여가로 인식된다. 게임, 소셜 미디어, 온라인 콘텐츠 소비 등이 주요 여가 활동이 된 이들에게는 기존의 여가 이론으로는 설명하기 어려운 새로운 현상들이 나타나고 있다. 예를 들어, 게임 속에서 가상의 친구들과 맺는 관계가 현실의 인간관계만큼 중요하게 여겨지기도 한다.

넷플릭스, 유튜브, 스포티파이 등 디지털 플랫폼의 등장은 여가 소비 패턴을 근본적으로 바꿨다. 과거에는 정해진 시간에 정해진 장소에서 여가 활동을 즐겨야 했지만, 이제는 언제 어디서나 원하는 콘텐츠를 소비할 수 있게 되었다. 하지만 이러한 변화는 여가의 상품화를 가속화했다는 비판도 받고 있다. 프랑크푸르트학파(Frankfurt School)가 《계몽의 변증법》에서 우려했던 바와 같이, 여가 활동이 점점 더 표준화되고 상업화되는 경향을 보이고 있다(김범경, 2025).

디지털 기술은 여가 경험의 개인화를 가능하게 했다. 추천 알고리즘을 통해 개인의 취향에 맞는 콘텐츠를 제공받을 수 있게 되었고, 이는 여가 만족도를 크게 높였다. 하지만 동시에 여가 경험의 파편화와 고립화라는 부작용도 나타나고 있다. 퍼트넘(Putnam)이 《Bowling Alone(나홀로 볼링)》에서 지적한 사회적 자본의 쇠퇴 현상이 디지털 여가 환경에서도 나타나고 있다. "미국인들은 점점 더 혼자서 볼링을 치고 있다"는 그의 유명한 관찰처럼, 개인화된 여가 소비는 공동체적 여가 경험을 약화하고, 이는 사회 통합에 부정적 영향을 미칠 수 있다(Putnam, 2000).

디지털 과부하에 대한 반작용으로 '디지털 디톡스' 문화가 확산되고 있다. 셰리 터클(Sherry Turkle)은 《외로운 함께》에서 "우리는 기술로부터 더 많은 것을 기대하고 서로로부터는 더 적은 것을 기대하게 되었다"고 지적하며, 기술과의 건강한 거리두기의 필요성을 강조했다(Turkle, 2011). 이는 기술에 대한 전면적 거부가 아니라, 기술과 인간의 균형 잡힌 관계를 모색하는 움직임으로 이해할 수 있다. 미니멀 라이프, 슬로우 라이프 등의 트렌드도 이러한 맥락에서 파악할 수 있다.

AI, 여가의 새로운 동반자

인공지능 기술의 발전은 전혀 새로운 여가 장르들을 만들어 내고 있다. 1997년 IBM의 딥블루가 체스 세계 챔피언 게리 카스파로프를 이긴 이후, 2016년 알파고가 바둑 프로기사 이세돌을 꺾으면서 AI와의 대전은 새로운 형태의 지적 여가로 자리 잡았다. 이제 일반인들도 체스닷컴이나 바둑 앱을 통해 다양한 수준의 AI와 대국을 즐기며, AI의 분석을 통해 자신의 실력을 향상시키고 있다. 더욱 흥미로운 변화는 생성형 AI의 등장이다. ChatGPT, GPT-4, DALL-E 등의 생성형 AI는 창작 활동의 민주화를 가져왔다. 전문적인 기술이나 교육 없이도 누구나 AI의

도움을 받아 소설을 쓰고, 그림을 그리고, 음악을 만들 수 있게 되었다.

미드저니(Midjourney)나 스테이블 디퓨전(Stable Diffusion) 같은 AI 이미지 생성 도구는 누구나 몇 개의 키워드만으로 전문가 수준의 그림을 만들 수 있게 했다. 음악 분야에서는 아이바(AIVA)나 아마데우스 코드(Amadeus Code) 같은 AI 작곡 프로그램이 클래식부터 팝까지 다양한 장르의 음악을 생성하고 있다. 심지어 AI가 작곡한 곡이 상업적으로 성공하는 사례도 나타나고 있다. 하지만 이러한 변화는 창작의 의미에 대한 근본적 질문을 제기한다. AI가 그린 그림이나 AI가 쓴 시를 진정한 예술 작품으로 볼 수 있을까? 더 나아가, AI의 도움을 받아 창작한 작품의 저작권은 누구에게 있을까? 이러한 철학적 · 법적 쟁점들이 새로운 AI 여가 문화와 함께 부상하고 있다.

VR와 AR 기술은 여가 경험의 질적 변화를 가져오고 있다. 2016년 포켓몬 고의 전 세계적 성공은 증강현실이 대중적 여가 활동으로 자리 잡을 수 있음을 보여준 첫 사례였다. 이후 VR 기술의 발전으로 집에서 에베레스트를 등반하고, 고대 로마를 걸어 다니고, 멸종된 공룡과 만날 수 있게 되었다. 특히 VR 여행의 발전은 주목할 만하다.

구글 어스 VR를 통해 전 세계 어느 곳이든 가상으로 여행할 수 있게 되었고, 루브르 박물관이나 대영박물관 같은 유명 미술관들은 VR 투어 서비스를 제공하고 있다. 코로나19 팬데믹 기간 동안 VR 여행은 물리적 이동이 제한된 상황에서 대안적 여가 활동으로 큰 인기를 끌었다.

메타버스의 등장은 이러한 변화를 더욱 가속화하고 있다. 메타의 호라이즌 월드(Horizon World), 로블록스(Roblox), 포트나이트(Fortnite) 등에서 사용자들은 아바타를 통해 사회적 상호작용을 하고, 가상 콘서트에 참여하며, 가상 부동산을 구매하기도 한다. 마누엘 카스텔(Castells, 2015)이 '정보화 시대의 네트워크 사회에서는 시간과 공간의 개념이 재구성된다'고 예견했듯이, 가상 공간에서의 활동이 현실만큼 중요한 의미를 갖게 되었다. 이는 기존의 물리적 공연장으로는 불가능한 규모다. 하지만 VR · AR 기술에는 여전히 한계가 있다. VR 멀미, 무거운 헤드셋, 높은 비용 등이 대중화를 가로막는 요인들이다. 또한 가상 경험이 실제 경험을 완전히 대체할 수 있는지에 대한 의문도 제기되고 있다.

AI와 인간의 협업적 여가

AI는 인간을 대체하는 것이 아니라 인간과 협업하는 새로운 여가 모델을 제시하고 있다. 이러한 '증강된 여가'는 AI의 분석 능력과 인간의 감성을 결합하여 기존보다 더 풍부한 경험을 제공한다.

운동 분야에서 AI 개인 트레이너의 활용이 증가하고 있다. 나이키 트레이닝 클럽, 아디다스 러닝 앱 등은 개인의 운동 데이터를 분석해 맞춤형 운동 계획을 제공한다. 더 나아가 스마트 미러(Smart Mirror)와 스마트 운동 기구는 실시간으로 운동 자세를 분석하고 교정해 준다. 미러 홈짐(Mirror Home Gym)의 경우 AI가 사용자의 동작을 실시간으로 분석해 정확한 피드백을 제공한다. 요리 분야에서도 AI 어시스턴트가 활약하고 있다. 삼성의 패밀리허브 냉장고는 냉장고 안의 재료를 인식해 요리법을 추천하고, 요리 과정을 단계별로 안내한다. 구글 어시스턴트나 알렉사를 통해 음성으로 요리법을 물어보고 타이머를 설정하는 것도 일상이 되었다.

언어 학습에서는 AI 튜터가 개인의 학습 패턴을 분석해 최적의 학습 경로를 제안한다. 듀오링고는 AI를 통해 사용자의 실수 패턴을 분석하고, 약한 부분을 집중적으로 학습할 수 있도록 문제를 조정한다. 캠블리나 스픽 같은 영어 회화 앱에서는 AI가 발음을 분석하고 교정해 준다. 독서 분야에서는 AI가 개인의 독서 취향을 분석해 책을 추천한다. 굿리즈나 예스24는 사용자의 독서 이력과 평점을 바탕으로 맞춤형 도서를 추천한다. 또한 AI가 책의 내용을 요약해 주거나, 핵심 내용을 추출해 주는 서비스도 등장하고 있다.

하지만 이러한 협업적 여가에도 우려점이 있다. AI에 지나치게 의존하면 인간의 직관력이나 창의성이 퇴화할 수 있다는 지적이다. 또한 AI가 추천하는 '최적화된' 선택만 따르다 보면 예상치 못한 발견이나 우연한 즐거움을 놓칠 수 있다는 우려도 제기되고 있다. 중요한 것은 AI를 도구로서 현명하게 활용하면서도 인간의 주체성과 자율성을 유지하는 것이다. 터클(Turkle, 2011)이 지적했듯이 "기술은 우리가 누구인지를 바꾸고 있지만, 우리는 여전히 그 변화의 방향을 선택할 수 있는 힘을 가지고 있다."

개인화된 여가 경험의 등장

AI 기술의 핵심은 빅데이터 분석을 통한 개인화다. 오늘날 우리가 사용하는 거의 모든 디지털 여가 플랫폼은 사용자의 행동 데이터를 수집하고 분석하여 개인 맞춤형 서비스를 제공한다. 이러한 개인화 기술은 1990년대 아마존의 '이 상품을 본 고객이 함께 본 상품'에서 시작되어, 이제는 개인의 감정 상태까지 예측하는 수준에 이르렀다.

넷플릭스의 추천 시스템은 개인화의 가장 성공적인 사례로 꼽힌다. 한국방송통신전파진흥원(2025)에 따르면, 2023년 기준, 넷플릭스는 2억 3000만 명의 사용자로부터 하루에 약 3억 시간의 시청 데이터를 수집한다. 시청 기록, 평점, 시청 시간대, 일시정지 지점, 되감기 구간, 검색어, 심지어 특정 장면에서의 시청 중단까지도 분석 대상이다. 예를 들어, 사용자가 로맨틱 코미디를 주로 시청하지만 금요일 밤에는 스릴러를 선호한다면, 넷플릭스는 요일과 시간대까지 고려해 추천한다. 더 흥미로운 것은 넷플릭스가 같은 작품이라도 사용자마다 다른 포스터 이미지를 보여준다는 점이다. 액션 영화를 선호하는 사용자에게는 액션 장면이 강조된 포스터를, 로맨스를 좋아하는 사용자에게는 주연 배우들의 로맨틱한 장면이 담긴 포스터를 제시한다. 이는 개인화가 콘텐츠 선별을 넘어 콘텐츠 프레젠테이션까지 확장되었음을 보여준다.

유튜브의 추천 알고리즘은 하루에 10억 시간의 영상 시청을 만들어 내고 있다. 유튜브는 사용자의 시청 이력뿐만 아니라 좋아요/싫어요, 댓글, 구독 행동, 심지어 동영상을 끝까지 시청했는지 중간에 그만뒀는지까지 분석한다. 또한 비슷한 관심사를 가진 다른 사용자들의 행동 패턴도 참고하여 추천한다. 이러한 개인화 기술은 협업 필터링, 콘텐츠 기반 필터링, 딥러닝 기반 하이브리드 모델 등 다양한 알고리즘을 복합적으로 활용한다. 협업 필터링은 비슷한 취향의 다른 사용자들이 좋아하는 콘텐츠를 추천하고, 콘텐츠 기반 필터링은 사용자가 이전에 좋아했던 콘텐츠와 유사한 특성을 가진 콘텐츠를 추천한다. 최근에는 딥러닝을 활용해 사용자의 복잡한 선호 패턴을 학습하는 고도화된 모델들이 등장하고 있다.

최근 가장 주목받는 개인화 기술은 감정 인식을 통한 실시간 큐레이션이다. 얼굴 표정, 음성, 심박수, 스마트워치의 생체 신호 등을 통해 개인의 감정 상태를 실시간으로 파악하고, 그에 맞는 여가 콘텐츠를 추천하는 기술이 발전하고 있다. 애플 워치, 갤럭시 워치 등 웨어러블 기기들은 심박수, 스트레스 지수, 수면 패턴 등을 측정해 사용자의 컨디션을 파악한다. 이 데이터를 바탕으로 스트레스가 높을 때는 명상 앱을, 에너지가 넘칠 때는 운동 앱을 추천한다. 삼성의 삼성 헬스는 사용자의 스트레스 수치가 높으면 자동으로 호흡 운동이나 요가 동영상을 추천한다.

넷플릭스는 사용자의 시청 패턴을 통해 감정 상태를 추론하는 기술을 개발하고 있다. 예를 들어, 평소보다 짧은 시간 동안 여러 콘텐츠를 전환한다면 집중력이 떨어진 상태로 판단하고, 가벼운 코미디나 예능 프로그램을 추천한다. 반대로 긴 시간 동안 집중해서 시청한다면 몰입도 높은 드라마나 다큐멘터리를 추천한다. 일본의 소프트뱅크가 개발한 로봇 페퍼는 얼굴 인식과 음성 분석을 통해 사용자의 감정을 파악하고, 그에 맞는 대화나 게임을 제안한다. 사용자가 우울해 보이면 재미있는 이야기를 들려주거나 함께 노래를 부르자고 제안한다.

하지만 감정 인식 기술에는 프라이버시와 관련된 심각한 우려가 제기되고 있다. 개인의 감정 상태는 매우 민감한 정보로, 이러한 데이터가 어떻게 수집되고 활용되는지에 대한 투명성이 부족하다. 또한 알고리즘이 잘못 해석할 경우 부적절한 콘텐츠가 추천될 위험도 있다.

개인화 기술의 발전은 여가 경험의 만족도를 크게 높였지만, 동시에 예상치 못한 부작용들도 나타나고 있다. 가장 대표적인 문제가 '필터 버블(Filter Bubble)' 현상이다. 이는 알고리즘이 사용자의 기존 관심사와 비슷한 정보만 제공함으로써 새로운 것을 접할 기회를 차단한다는 것이다. 실제로 유튜브의 추천 알고리즘은 사용자를 특정 콘텐츠 카테고리에 가둬두는 경향이 있다는 비판을 받고 있다. 한 번 음모론 동영상을 시청하면 계속해서 유사한 콘텐츠가 추천되어, 사용자가 점점 더 극단적인 콘텐츠에 노출될 위험이 있다.

또 다른 문제는 '확증 편향'의 강화다. 알고리즘이 사용자의 기존 선호도를 강화하는 콘텐츠만 추천함으로써, 사용자의 편견이나 고정관념이 더욱 공고해질 수 있다. 이는 개인의 성장과 학습을 방해할 수 있다. 이러한 문제를 해결하기 위해 '세렌디피티' 알고리즘이 주목받고 있다. 세렌디피티란 우연한 발견을 통한 즐거움을 의미하는데, 이를 구현하기 위해 의도적으로 예상치 못한 콘텐츠를 추천하는 기술이다. 스포티파이의 '디스커버 위클리'나 넷플릭스의 '새로운 시도' 카테고리가 그 예다.

개인화 시스템은 이제 사용자의 '모험 성향'까지 반영해 더욱 정교하게 맞춤형 다양성을 제공하려는 방향으로 발전하고 있다. 이는 사용자가 새로운 장르나 스타일을 받아들일 가능성을 분석해, 반복적인 추천을 넘어서도록 돕는다. 그러나 이러한 기술적 진보에도 불구하고, 궁극적으로 중요한 것은 사용자 스스로가 알고리즘에 전적으로 의존하지 않고 능동적으로 콘텐츠를 탐색하려는 태도다. 알고리즘은 어디까지나 보조 도구일 뿐이며,

진정한 여가의 즐거움은 예상치 못한 콘텐츠와의 만남, 우연한 발견에서 비롯된다. 사용자의 자율성과 호기심이 결합될 때, 여가는 더욱 풍성해질 수 있다.

인간다운 여가, 그 미래를 향하여

지금까지 살펴본 바와 같이, 인공지능은 여가의 모든 영역에서 혁명적인 변화를 이끌고 있다. 여가의 개념은 단순히 '시간을 보내는 것'에서 '의미 있는 경험을 창조하는 것'으로, 수동적인 '소비'에서 능동적인 '창조'로 전환되고 있다. 디지털 네이티브 세대에게 온·오프라인의 경계는 이미 무의미해졌고, 여가는 이제 단순한 휴식이 아니라 개인의 정체성과 세계관을 형성하는 핵심적인 활동이 되었다. 특히 AI 기반 플랫폼은 개인의 취향을 정교하게 반영해 여가 경험을 더욱 몰입감 있게 만들고 있으며, 사용자는 이를 통해 자기표현의 방식과 삶의 방향을 재정립하게 된다. 이러한 변화는 여가가 단순한 여가로 머무르지 않고, 교육·문화·사회적 관계까지 포괄하는 중요한 삶의 영역으로 확장되고 있음을 보여준다.

디지털 혁명은 여가의 시공간적 제약을 완전히 해체했다. 넷플릭스, 스포티파이, 유튜브로 대표되는 플랫폼 경제는 '언제 어디서나' 여가를 가능하게 했지만, 동시에 여가의 상품화와 파편화라는 부작용도 낳았다. 퍼트넘(Putnam, 2000)이 우려했던 사회적 자본의 쇠퇴가 디지털 여가 환경에서 현실로 나타나고 있다. AI 기술은 완전히 새로운 여가 장르를 창조했다. 생성형 AI는 창작의 문턱을 낮춰 누구나 예술가가 될 수 있게 했고, VR · AR 기술은 물리적 한계를 뛰어넘는 경험을 제공했다. 하지만 AI 창작물의 예술적 가치나 가상 경험의 실재성에 대한 철학적 질문들이 새롭게 제기되고 있다. 개인화 기술은 여가 만족도를 크게 높였지만, 필터 버블과 확증 편향이라는 예상치 못한 부작용을 낳았다. 알고리즘이 우리의 선택을 예측하고 조작할 수 있는 능력을 갖게 되면서, 인간의 자율성과 우연한 발견의 즐거움이 위협받고 있다.

AI 시대 개인의 여가 생활에서 가장 중요한 것은 의식적 선택이다. 알고리즘의 추천에 맹목적으로 의존하기보다는, 스스로 여가의 목적과 방향을 설정하고 능동적으로 선택해야 한다. 이를 위해서는 첫째, 디지털 리터러시 함양이 필수다. AI 알고리즘의 작동 원리와 데이터 활용 방식을 이해해야 비판적으로 콘텐츠를 소비할 수 있다. 둘째, 알고리즘에 의존하되 정기적으로 낯선 콘텐츠에 도전하는 세렌디피티(serendipity) 노력이 필요하다. 셋째, 디지털 디톡스(digital detox)를 통해 자연이나 아날로그 활동과의 균형을 유지해야 한다. 넷째, AI를 창의적 도구로 활용하되, 인간 고유의 창의성을 기르는 데 집중해야 한다. 다섯째, 개인화된 여가 속에서도 공동체 활동을 통해 사회적 관계를 유지하는 노력이 중요하다.

AI 시대의 건전한 여가 문화 발전은 개인 노력만으로는 어렵고, 사회적 차원의 대응이 필요하다. 우선 디지털 격차 해소가 시급하며, 고령층 · 저소득층 · 장애인 등 소외 계층을 위한 정책과 디지털 교육 확대가 요구된다. 또한 데이터 권리를 보장해 개인정보 활용에 대한 통제권을 강화하고, 알고리즘의 투명성을 높여 추천 시스템의 공정성을 확보해야 한다. 마지막으로, AI 여가 서비스의 중독성과 조작 가능성을 막기 위한 윤리 기준이 마련되어야 하며, 특히 청소년 이용 플랫폼에 더욱 엄격한 기준이 필요하다.

결국 AI 시대 여가의 핵심은 기술과 인간의 조화로운 공존이다. AI는 강력한 도구이지만, 그것을 어떻게 활용할지는 여전히 인간의 선택에 달려 있다. AI는 이러한 본질적 가치를 훼손하는 것이 아니라 더욱 풍부하게 실현할 수 있도록 도와야 한다. 여가의 미래는 우리가 만들어간다. AI라는 강력한 도구를 인간의 행복과 사회적 선을 위해 활용할 수 있는 지혜가 바로 우리에게 달려 있다.

기술과 함께 성장하되 인간다움을 잃지 않는 여가 문화, 그것이 우리가 추구해야 할 미래의 모습이다.

참고문헌

김범경(2025). "실러와 클라이스트에서의 '계몽의 변증법'". 《독어독문학》, 66(2), 33~65쪽.

손윤락(2018). "아리스토텔레스에 있어서축제와 시민의 여가, 그리고 관조". 《인문논총》, 75(3), 79~110쪽.

송현호(2023). "AI·디지털 기술 변화가 가져올 미디어·콘텐츠 산업 변화". 《미디어 이슈 & 트렌드》, 59, 76~88쪽.

한국방송통신전파진흥원(2025). "AI·데이터 기반 미디어 비즈니스 환경 변화". 《미디어 이슈 & 트렌드》, 67.

Bauman, Z.(2013). *Liquid modernity*. John Wiley & Sons.

Castells, M.(2015). *Networks of outrage and hope: Social movements in the Internet age*. John Wiley & Sons.

Habermas, J.(1991). *The Structural Transformation of the Public Sphere*. MIT Press.

Huizinga, J.(1971). *Homo ludens: A study of the play-element in culture*. Beacon Press.

Jenkins, H.(2006). *Convergence Culture: Where Old and New Media Collide*. NYU Press.

Putnam, R. D.(2000). *Bowling Alone: The Collapse and Revival of American Community*. Simon & Schuster.

Tanghe, K. B.(2016). Homo Ludens (1938) and the crisis in the humanities. *Cogent Arts & Humanities, 3*(1), 1245087.

Turkle, S.(2011). *Alone Together: Why We Expect More from Technology and Less from Each Other*. Basic Books.

01
여가의 재정의

AI의 발전은 인간의 생활과 여가의 개념을 근본적으로 변화시키고 있다. 과거 여가가 단순한 휴식과 오락으로 이해되었다면, 오늘날에는 AI의 보편화로 창의성과 자기실현의 영역으로 확장되며 새로운 문제의식을 제기한다.

기후 위기와 인공지능?

여가 개념의 역사적 변천

여가의 의미는 시대와 사회 구조, 그리고 문화적 배경에 따라 끊임없이 변화해 왔다. 고대 그리스에서 아리스토텔레스는 여가(schole)를 단순한 휴식이 아닌 학문과 철학 탐구의 시간으로 규정하며, 시민이 지적 · 도덕적 성찰을 통해 공동체적 삶에 참여하는 기반으로 보았다(전헌상, 2022). 이는 여가가 단순히 노동으로부터 해방된 여백의 시간이 아니라, 정치적 · 문화적 참여의 조건이자 자유 시민에게만 허락된 특권적 활동이었다. 따라서 고대의 여가는 사회적 계층 구조와 깊이 연결된 제도적 의미를 지니고 있었다.

중세 유럽에 이르러 여가는 성격이 달라졌다. 기독교가 지배적 가치 체계로 자리 잡으면서 여가는 종교적 성찰과 영적 수양의 영역으로 이해됐다. 수도원 생활에서 독서, 기도, 묵상은 중요한 여가 활동이었으며, 이는 내세 지향적 가치관과 결합되었다(김승욱, 2005). 결과적으로 여가는 개인적 자유보다는 신앙과 규율에 종속되었고, 사회적 질서를 유지하고 종교적 권위를 강화하는 기능을 수행했다.

근대 산업혁명은 여가의 성격을 다시 크게 바꾸어 놓았다. 대량 생산 체제와 임금 노동 확산 속에서 여가는 피로 회복과 노동력 재생산의 도구로 축소되었으며, '일하지 않는 시간'이 곧 여가로 규정되었다(Parker, 2021). 주말의 휴식, 공휴일의 오락, 노동자 계층의 소박한 오락 활동은 이 시기의 전형적 여가 형태였다. 그러나 동시에 여가는 계급적 · 경제적 조건에 따라 불평등하게 분배되었고, 상류층은 스포츠, 여행, 사교 활동과 같은 적극적 여가를 즐긴 반면 노동계급은 수동적 여가에 국한되었다. 이는 여가가 단순히 개인의 자유 시간이 아니라 사회 구조와 권력 관계에 의해 규정된다는 점을 보여준다.

20세기에 들어서면서 학문적 담론 속에서 여가는 다시 확장되었다. 하위징아는 《호모 루덴스》에서 인간을 '놀이하는 존재'로 규정하며 놀이를 문화 형성과 발전의 근원적 요소로 강조하였다. 그의 논의는 여가를 단순히 노동의 반대 개념에서 해방하여, 창조와 문화적 생산과 직결된 영역으로 격상시켰다. 또한 베블런(Veblen, 2017)은 《유한계급론》에서 상류층의 '과시적 여가(conspicuous leisure)' 개념을 제시하며, 여가가 사회적 지위와 권력을 드러내는 수단임을 밝혔다. 이러한 논의는 여가가 개인적 경험에 국한되지 않고 사회적 · 경제적 맥락 속에서 의미화된다는 점을 보여주었다.

현대 사회에서 여가는 점차 자아실현과 정체성 형성

의 핵심 수단으로 인식된다. 지그문트 바우만(Bauman, 2013)은 액체 근대성 사회에서 개인이 끊임없이 정체성을 재구성해야 한다고 보았고, 여가를 이러한 변화의 중심적 무대로 이해했다. 즉, 여가는 더 이상 단순히 '남는 시간'이 아니라 자신이 누구인지를 탐색하고 사회적 위치를 확립하는 상징적 활동이 된 것이다. 최근 확산된 워라밸(work-life balance) 담론은 여가가 사치가 아닌 필수적 가치임을 보여준다. 여가는 개인의 정신적 건강, 창의성, 그리고 사회 전체의 혁신 역량과 직결되며 새로운 시대적 가치로 자리 잡고 있다.

결국 여가는 고대의 철학적 탐구, 중세의 종교적 수양, 근대의 회복과 재생산, 현대의 문화 창조와 자기실현이라는 궤적을 따라 점차 확장되어 왔다(Parker, 2021). AI 시대에 이루어지는 여가의 재정의 역시 이러한 역사적 변천의 연속선상에서 이해될 수 있으며, 여가가 여전히 사회 변화의 거울이자 미래 비전을 제시하는 장이라는 사실을 확인시켜 준다.

AI와 여가의 자동화

AI의 도입은 여가의 선택과 경험 방식을 자동화하고 있다. 넷플릭스, 유튜브, 스포티파이는 대규모 데이터를 분석해 개인 맞춤형 콘텐츠를 제공하며, 사용자는 탐색 부담을 줄이고 자신에게 적합한 여가를 더 쉽게 즐길 수 있다(Bucher, 2018). 이러한 서비스는 여가의 '탐색 비용'을 낮추며 만족도를 높인다.

그러나 편리함 뒤에는 자율성 약화 문제가 있다. 사용자가 알고리즘의 추천에 의존할 경우 여가는 점차 '설계된 경험'으로 수렴되며, 이는 본연의 자율적 성격을 훼손한다. 유튜브 추천 알고리즘이 극단적 콘텐츠를 확산시킨 사례는 자동화된 여가가 사회적으로도 위험할 수 있음을 보여준다(Tufekci, 2018).

자동화는 사회적 관계에도 영향을 미친다. 퍼트넘(Putnam, 2000)이 지적한 사회적 자본의 쇠퇴 현상은 디지털 여가 환경에서도 나타난다. 개인화된 추천은 공통 경험과 대화를 줄여 공동체적 연대를 약화한다. 심리학적으로도 자동화는 양면성을 지닌다. 긍정적으로는 방대한 정보 속 선택 과부하를 완화해 만족도를 높이지만, 주체적 선택의 만족감을 줄여 여가를 수동적 소비로 만들 수 있다. 다르와 놀리스(Dhar & Nowlis, 1999)는 외부적 요인이 선택을 제한할 때 만족도가 낮아진다고 지적했다. 이는 알고리즘 여가 경험의 한계를 잘 보여준다.

정책적으로 자동화는 방대한 개인정보 수집을 기반으

로 하기에 감시 자본주의를 심화시킬 수 있다(Zuboff, 2019). 따라서 알고리즘 투명성과 데이터 통제권 보장이 필수적이다. 또한 세렌디피티 알고리즘은 예상치 못한 콘텐츠 경험을 제공하여 자율성과 다양성을 회복하는 장치가 될 수 있다. 결론적으로 AI 자동화는 여가의 효율성과 만족을 높이지만 동시에 자율성과 공동체성을 위협한다. 따라서 AI 시대의 여가는 개인이 기술을 비판적으로 활용하고, 사회가 투명성과 다양성을 보장할 때 자기실현과 창의성의 장으로 자리매김할 수 있다.

노동과 여가의 경계 해체

디지털 전환 사회와 인공지능의 보편화는 노동과 여가의 경계를 점점 흐릿하게 만들고 있다. 전통적으로 노동은 의무적이고 생산적인 활동으로, 여가는 자유롭고 비생산적인 활동으로 구분되었다. 그러나 오늘날 많은 활동이 두 영역을 동시에 포함하고 있으며, 특히 AI와 플랫폼 경제의 발전은 이러한 경향을 가속화하고 있다.

대표적인 사례가 e스포츠다. 일반 이용자에게 e스포츠는 단순한 놀이와 오락의 영역이지만, 프로게이머에게는 노동 그 자체다. 이들은 게임을 직업으로 삼아 소득을 창출하며, 그 과정에서 여가적 즐거움은 경쟁과 성과 중심의 노동적 성격과 결합된다(Seo, 2013). 유튜브나 트위치 같은 크리에이터 경제 역시 마찬가지다. 개인은 게임 플레이, 여행 브이로그, 일상 콘텐츠 제작을 통해 즐거움을 느끼지만, 동시에 광고 수익과 후원금으로 경제적 보상을 얻는다. 이러한 활동은 놀이와 일이 결합된 전형적인 혼종적 형태라 할 수 있다(Banks & Cunningham, 2016).

또 다른 사례는 디지털 노마드 현상이다. 이들은 세계 곳곳을 여행하면서 원격 근무를 통해 생계를 유지한다. 외부에서 보기에는 여가와 모험의 삶처럼 보이지만, 그 안에는 지속적인 노동과 생산성이 요구된다. 맨시넬리(Mancinelli, 2020)는 디지털 노마드를 "자유로운 여행자이자 동시에 유연 노동의 상징"으로 분석하면서, 노동과 여가의 경계가 붕괴된 새로운 사회적 집단이라고 설명했다.

이러한 변화는 여가 연구의 이론적 관점에서도 중요한 의미를 가진다. 부르디외(Bourdieu, 1984)의 문화자본 개념에 따르면, 여가는 단순한 쉼이 아니라 사회적 지위와 상징 자본을 축적하는 과정이다. 오늘날 크리에이터나 디지털 노마드 활동은 개인이 사회적 명성과 경제적 자본을 동시에 획득하는 통로로 작용한다. 다시 말해,

여가는 더 이상 노동의 반대 개념이 아니라, 노동과 뒤섞여 사회적 경쟁력과 정체성을 구성하는 핵심적인 자원이 된다.

그러나 이러한 혼종적 형태는 긍정적 가능성과 함께 위험도 내포한다. 노동과 여가의 경계가 모호해지면서 개인은 언제나 '일하는 상태'에 놓일 수 있다. 워라밸이 무너지면, 여가는 오히려 노동의 연장선으로 변질될 수 있다. 그레그(Gregg, 2013)는 이를 'Always-On 문화'로 규정하며, 디지털 환경에서 개인이 끊임없이 연결된 상태로 인해 노동과 여가의 분리가 불가능해졌다고 지적했다. 따라서 여가가 다시금 회복적 기능을 수행하기 위해서는 개인의 경계 설정과 사회적, 제도적 장치가 병행되어야 한다.

종합하면, AI와 플랫폼 경제는 노동과 여가의 경계를 허물며 새로운 혼종적 활동을 만들어 내고 있다. 이는 인간 활동의 창의성을 확장하는 긍정적 측면과 함께, 경계의 상실로 인한 과도한 노동 부담이라는 부정적 측면을 동시에 갖는다. 따라서 여가학은 이러한 변화 속에서 여가의 새로운 정의와 사회적 함의를 지속적으로 탐구해야 하며, 정책 차원에서는 일과 삶의 균형을 회복할 수 있는 제도적 지원이 필요하다.

AI 시대 여가의 재정립

AI 시대의 여가는 단순한 쉼과 오락을 넘어, 자기실현과 창의성의 장으로 재정의되고 있다. 이는 단순히 개인의 여가 행위에 국한되지 않고, 정체성 탐색과 사회적 관계 재편에 까지 깊숙이 영향을 미친다. 다시 말해 여가는 개인이 누구인지를 확인하고, 사회적 위치를 구성하며, 새로운 문화적 의미를 만들어 내는 과정의 일부로 자리 잡고 있다. 그러나 동시에 여가의 상품화, 알고리즘에 따른 필터 버블, 개인정보 침해, 자율성 약화 같은 문제가 등장하면서 새로운 도전 과제를 안겨준다. 기술은 편리함을 제공하지만, 여가 본연의 자유와 다양성을 제약할 위험도 함께 내포하고 있다.

AI 시대의 여가는 기술적 편리함과 인간적 가치 사이에서 균형 있게 재정립되어야 한다. 개인은 단순히 알고리즘이 제시하는 선택을 수용하기보다, 디지털 리터러시를 강화해 능동적이고 비판적으로 여가를 선택할 필요가 있다. 사회 또한 데이터 권리 보장, 알고리즘 투명성 확보, 프라이버시 보호 같은 제도적 장치를 마련해야 한다(Zuboff, 2019). 더 나아가 교육과 문화 정책은 여가를 단순한 소비가 아닌 창의성과 공동체적 연대를 키우는 자원으로 다루어야 한다.

결국 AI는 여가를 획일화된 소비로 축소할 수도 있고, 인간다움을 풍요롭게 확장하는 수단으로 기능할 수도 있다. 여가의 미래는 기술 그 자체에 달려 있는 것이 아니라, 인간이 이를 어떻게 활용하고 어떤 가치를 우선시하느냐에 달려 있다. 따라서 AI 시대의 여가는 개인과 사회가 비판적이고 능동적으로 기술을 수용하며, 자기실현과 공동체적 연대를 강화할 때 비로소 진정한 의미를 지니게 될 것이다.

참고문헌

김승욱(2005). "여가관의 역사적 변천과 개혁주의 여가관". 《신앙과 학문》, 10(2), 49~86쪽.

전헌상(2022). "자유인다움과 여가 – 아리스토텔레스의 시민 교육론의 철학적 기초". 《철학사상》, 83, 81~111쪽.

Banks, J. & Cunningham, S.(2016). Creative destruction in the Australian videogames industry. *Media International Australia, 160*(1), pp.127~137.

Bauman, Z.(2013). *Liquid modernity*. John Wiley & Sons.

Bourdieu, P.(1984). *A social critique of the judgement of taste*. Harvard University Press.

Bucher, T.(2018). *If... then: Algorithmic power and politics*. Oxford University Press.

Dhar, R. & Nowlis, S. M.(1999). The effect of time pressure on consumer choice deferral. *Journal of Consumer Research, 25*(4), pp.369~384.

Gregg, M.(2013). *Work's intimacy*. John Wiley & Sons.
Huizinga, J.(1971). Homo ludens: A study of the play-element in culture. Beacon Press.
Mancinelli, F.(2020). Digital nomads: freedom, responsibility and the neoliberal order. *Information technology & tourism, 22*(3), pp.417~437.
Parker, S.(2021). *The sociology of leisure*. Routledge.
Putnam, R. D.(2000). *Bowling alone: The collapse and revival of American community*. Simon & Schuster.
Seo, Y.(2013). Electronic sports: A new marketing landscape of the experience economy. *Journal of Marketing Management, 29*(13-14), pp.1542~1560.
Tufekci, Z.(2018.3.10). YouTube, the great radicalizer. The New York Times.
https://www.nytimes.com/2018/03/10/opinion/sunday/youtube-politics-radical.html
Veblen, T.(2017). *The theory of the leisure class*. Routledge.
Zuboff, S.(2019). *The age of surveillance capitalism: The fight for a human future at the new frontier of power*. PublicAffairs.

02
기술과 일상성

스마트폰, AI 스피커, 챗봇은 이제 단순한 기기가 아니라 우리의 일상과 여가를 깊이 규정하는 동반자가 되었다. 이들은 여가의 방식과 경험을 변화시키며, 생활의 리듬과 사회적 관계까지 재편하고 있다. 기술이 여가 속으로 어떻게 자연스럽게 융합되고 있는지를 사례와 연구를 통해 살펴본다.

노래하는 AI 보컬?

스마트폰과 일상의 여가

스마트폰은 현대 사회에서 여가를 가장 강력하게 재편한 기술이라 할 수 있다. 과거 여가가 특정한 시간과 공간에 한정되었다면(민웅기, 2014), 스마트폰은 이를 해체하고 언제 어디서나 즉각적으로 즐길 수 있는 활동으로 확장했다. 출퇴근길 대중교통에서 영상 콘텐츠를 시청하거나 카페에서 음악을 감상하며 책을 읽는 것, 혹은 짧은 틈을 이용해 모바일 게임을 즐기는 일상적 행위는 모두 스마트폰이 가능하게 한 새로운 여가 방식이다. 인스타그램, 틱톡, 유튜브 쇼츠와 같은 플랫폼은 일상의 순간을 기록 · 편집 · 공유하는 과정을 여가의 중심으로 만들었으며, 이를 통해 여가는 자기표현과 사회적 인정, 나아가 네트워크 형성의 장으로 확대되었다(Livingstone, 2019). 이렇게 여가는 더 이상 '노동의 반대'가 아닌, 일상과 중첩된 사회적 실천으로 이해된다.

스마트폰은 또한 다양한 애플리케이션을 통해 여가의 성격을 심화시키고 다채롭게 만든다. 피트니스 앱은 개인의 운동을 기록하고 이를 공유하며 경쟁과 성취를 자극하는데, 이는 건강 관리가 여가이자 자기계발의 과정으로 기능함을 보여준다. 여행 관련 앱은 개인의 선호와 위치 정보를 반영해 맞춤형 일정을 설계하고, 음식점 추천이나 문화 예술 행사 정보까지 제공함으로써 여가 경험을 풍부하게 한다. 독서 앱과 오디오북 서비스는 이동 중에도 지적 활동을 가능하게 하여, 여가를 단순한 '소비적 오락'이 아니라 자기 성장과 학습의 시간으로 전환한다. 또한 모바일 게임 산업은 글로벌 차원에서 수십억 명의 이용자를 끌어들이며, 개별적 오락을 넘어 경쟁과 협동, 그리고 e스포츠 문화로 확산되고 있다.

그러나 이러한 확장은 동시에 새로운 문제를 수반한다. 스마트폰 의존은 여가와 노동의 경계를 모호하게 만들어, 공적 시간과 사적 시간이 구분되지 않는 상황을 초래한다(박지영, 2015). 업무용 메신저 알림과 SNS 활동이 뒤섞이면서, 개인은 언제나 연결된 상태에 놓이게 되고 이는 디지털 피로와 심리적 압박을 강화한다(Gregg, 2013). 또한 알고리즘 기반 추천 서비스는 개인의 선호를 강화하는 동시에 새로운 선택을 제한해 여가의 다양성을 저해할 수 있다. 결국 스마트폰은 여가를 일상화·개인화하는 강력한 도구이지만, 동시에 균형적 사용과 비판적 수용이 없을 경우 삶의 질을 떨어뜨릴 위험을 내포한다. 따라서 스마트폰은 오늘날 여가 연구에서 가장 중요한 분석 대상이며, 여가를 자기 성취의 공간으로 확장하는 동시에 새로운 사회적 리스크를 만들어 내는 양면성을 지닌다.

AI 스피커와 가정의 여가 공간

AI 스피커는 가정에서 여가 경험을 크게 바꾸고 있다. 음악 감상, 뉴스와 팟캐스트 청취, 날씨 확인, 스마트홈 제어가 음성 명령만으로 가능해지면서 여가는 손쉽게 접근 가능한 활동이 되었다. 부모와 자녀가 함께 퀴즈 게임을 하거나 음악을 즐기는 경험은 가정을 새로운 여가 공간으로 전환한다(Luger & Sellen, 2016). 팬데믹 시기에는 외부 활동을 대신하는 대체 여가 도구로도 활용되었다.

또한 AI 스피커는 사용자의 목소리와 습관을 학습해 맞춤형 콘텐츠를 제공한다. 아침에는 뉴스, 저녁에는 음악이나 오디오북을 자동 추천하는 기능은 탐색 부담을 줄이고 만족감을 높인다. 일부 서비스는 정서 상태를 분석해 휴식이나 집중에 적합한 콘텐츠를 제시하며, 여가를 웰빙과 자기 관리 차원으로 확장한다(조유석, 2021).

그러나 이러한 편리함은 방대한 개인정보 수집을 전제로 한다. 아마존 알렉사나 구글 홈의 사례에서 보듯, 여가 도구가 감시 자본주의의 장치로 기능할 수 있다(Zuboff, 2019). 가정의 사적 활동이 데이터화되어 시장에 편입될 위험이 존재하며, 여가 패턴과 생활 습관이 기업의 자산으로 전환될 수 있다.

따라서 AI 스피커는 가정 여가를 풍요롭게 하지만 동시에 개인정보 보호와 윤리적 과제를 안고 있다. 기술의 긍정적 활용을 위해서는 데이터 투명성과 사용자의 통제권 보장이 병행되어야 하며, 그래야만 AI 스피커가 가정 여가 문화를 건강하게 확장하는 도구로 자리매김할 수 있다.

대화형 AI와 일상 속 여가 경험

대화형 AI인 챗봇은 단순한 고객 응대 도구를 넘어 여가의 파트너로 기능하고 있다. 많은 이용자는 챗봇과의 대화를 오락과 위안으로 경험하며, 특히 청소년과 고령층에게는 정서적 동반자로 작용한다(Nass & Moon, 2000). 학습용 챗봇은 외국어 학습, 문제 풀이, 과제 보조에 활용되고, 노인층은 말벗 기능을 통해 고립감을 완화하고 정서적 안정감을 얻는다. 이러한 현상은 챗봇이 단순한 '도구'가 아닌, 가상의 동반자이자 새로운 여가 매개체로 자리 잡고 있음을 보여준다.

최근 챗봇은 게임 · 스토리텔링과 결합해 상호작용적 여가 경험을 한층 확장하고 있다. 사용자가 챗봇과 함께 서사를 만들어가거나 퀘스트를 수행하는 경험은 전통적 놀이를 넘어서는 참여적 여가의 사례다. 예컨대 일부 교육용 플랫폼에서는 학생들이 챗봇과 함께 역사적 사건을 '롤플레잉' 방식으로 재현하며 학습과 오락을 동시에 경험한다. 또한 감성 AI 기반 챗봇은 사용자의 대화 패턴과 정서를 분석해 맞춤형 반응을 제공함으로써, 단순한 기계적 응답을 넘어선 몰입적 상호작용을 가능케 한다.

그러나 이러한 발전은 새로운 우려도 불러온다. 인간과 기계의 상호작용이 강화될수록 실제 인간관계가 약화될 수 있으며, 이는 사회적 고립을 심화시킬 위험을 안고 있다. 특히 정서적으로 취약한 계층이 챗봇에 과도하게 의존할 경우, 여가는 인간 간의 교류 대신 인공지능과의 대체적 상호작용으로 전락할 수 있다. 또한 챗봇이 축적하는 대화 데이터는 프라이버시 문제를 야기하며, 상업적 활용 가능성 역시 논란이 되고 있다(신재형, 2024).

따라서 챗봇 기반 여가는 정서적 안정과 창의적 경험을 제공하는 긍정적 측면과 인간적 관계의 약화와 데이터 문제라는 부정적 측면을 동시에 지닌다. 향후 여가 연구와 정책은 챗봇이 여가를 풍요롭게 하는 가능성을 인정하면서도, 인간적 관계와 사회적 연대를 보완할 수 있는 방향으로 활용될 수 있도록 제도적 장치를 마련해야 한다.

기술과 여가의 경계 해체

스마트폰, AI 스피커, 챗봇의 등장은 여가를 일상 깊숙이 통합시키며, 노동 · 생활, 사적 · 공적 영역의 경계를 점점 더 모호하게 만들고 있다. 기술은 여가를 언제든 접속이 가능한 '항상 연결(always-on)' 상태로 전환하고, 여가를 특정한 시간적 여유가 아닌 상시적 행위로 바꾸고 있다. 이러한 변화는 사용자가 짧은 시간과 공간에서도 여가를 즐기게 하지만, 동시에 끊임없는 연결이 주는 피로와 심리적 압박을 강화한다(Gregg, 2013).

특히 스마트폰은 하루의 리듬을 '깨어 있는 순간마다 연결된 상태'로 재구성하며, 여가를 단순한 휴식이 아닌 일상의 한 과정으로 만들고 있다. 아침 기상 후 뉴스를 확인하거나, 출퇴근길 음악 · 팟캐스트 청취, 잠들기 전 SNS 활동은 모두 여가와 일상이 구분되지 않는 사례다. AI 스피커는 가정의 거실이나 침실에서 손쉬운 명령을 통해 여가 활동을 가능케 하여, 전통적으로 사적 공간으로 인식되던 가정을 디지털 네트워크와 연결된 공적 여가 공간으로 변화시키고 있다. 챗봇 역시 대화와 놀이의 상대가 되어 언제든 상호작용적 여가를 가능케 하며, 인간의 생활 리듬 속에 끊임없이 개입하고 있다.

이러한 변화는 여가의 사회적 의미를 바꾸는 데에도

영향을 준다. 과거 여가는 노동에서 벗어난 특별한 시간이었지만, 이제는 기술과 결합해 일상적 행위와 중첩되며 새로운 문화적 실천으로 작용한다(Chen, 2025). SNS를 통한 자기표현과 온라인 커뮤니티 활동은 여가를 개인적 즐거움의 차원을 넘어 사회적 관계와 집단 정체성 형성의 장으로 확장한다(Livingstone, 2019). 동시에 개인화된 추천 서비스는 여가 경험을 풍부하게 하지만, 사회적 다양성을 축소하고 동질적인 문화적 환경을 조성할 위험도 내포한다.

결과적으로 기술은 여가를 단순히 '남는 시간'이 아니라, 사회적 · 문화적 의미가 재구성되는 생활 방식으로 전환하고 있다. 이는 여가학 연구에 새로운 문제의식을 제기하며, 기술과 일상이 어떻게 상호작용하면서 새로운 형태의 여가 문화를 만들어 내는지에 대한 지속적인 탐구가 필요함을 보여준다.

기술과 여가의 이중성: 확장과 균형

기술은 우리의 여가를 다채롭고 풍부하게 확장하는 동시에, 일상성 자체를 근본적으로 변화시키고 있다(Devine & Gale, 2023). 스마트폰은 이동성과 즉시성을 기반으로 여가를 일상화하였고, AI 스피커는 가정 내부를 새로운 여가 공간으로 전환했으며, 챗봇은 상호작용적이고 정서적인 여가의 가능성을 열어주었다. 이처럼 기술은 여가를 단순한 '노는 시간'이 아닌 생활 속 실천으로 재편하면서, 새로운 문화적 의미를 부여한다.

그러나 이러한 변화는 긍정적 성과와 함께 다양한 문제를 동반한다. 개인정보 침해, 과도한 기술 의존, 그리고 인간적 관계 약화는 대표적 위험이다(이돈희, 2025). 특히 기술이 제공하는 편리함이 자율성과 다양성을 제약한다면, 여가는 자기실현의 장이 아니라 획일화된 소비의 장으로 전락할 수 있다. 이는 여가가 지닌 본래의 해방적 · 창조적 성격을 훼손하는 결과로 이어질 수 있다.

따라서 기술과 여가의 관계는 단순히 편리함을 누리는 차원을 넘어, 균형을 요구하는 영역으로 이해되어야 한다. 개인은 디지털 리터러시를 강화하여 능동적이고 비판적으로 기술을 활용해야 하며, 사회는 데이터 권리 보장, 알고리즘 투명성, 프라이버시 보호를 제도적으로 마련해야 한다(Zuboff, 2019). 나아가 교육과 문화 정책 차원에서도 기술을 여가의 창의성과 공동체성을 강화하는 방향으로 설계해야 한다.

결론적으로, 기술은 여가를 획일화된 소비로 축소할 수도 있지만, 동시에 인간다움을 풍요롭게 확장하는 수단이 될 수도 있다. 여가의 미래는 기술 자체가 아니라 그것을 어떻게 활용하고 어떤 가치를 우선시하느냐에 달려 있다. 따라서 AI와 디지털 기술 시대의 여가는 개인과 사회가 이를 비판적으로 수용하며, 자기실현과 사회적 연대를 강화할 때 비로소 진정한 의미를 갖게 될 것이다. 이는 여가학 연구뿐 아니라, 미래 사회의 문화적 방향성을 모색하는 데서 중요한 과제가 될 것이다.

참고문헌

민웅기(2014). "여가와 연계된 시공간의 문화적 연구역사에 대한 개념적 고찰". 《역사와 실학》, 54, 191~208쪽.

박지영(2015). "디지털미디어 시대 리듬분석의 한 사례: ICT 사용과 일상생활의 리듬을 중심으로". 《언론과 사회》, 23(2), 5~63쪽.

신재형(2024). "인공지능 (AI) 학습데이터의 수집 및 이용에 대한 규제". 서울대학교 대학원 박사학위논문.

이돈희(2025). "디지털 혁신기술 확산에 따른 환자보호와 리스크 요인분석: 텍스트 네트워크 분석". 《한국산업정보학회논문지》, 30(1), 81~96쪽.

조유석(2021). "AI 기반 스피커 디자인 속성 도출을 위한 사운드 플랫폼 변화사례 연구". 《한국디자인문화학회지》, 27(3), 419~428쪽.

Chen, I.(2025). Role of homesickness among expatriates in creativity at work: mediating role of online leisure crafting moderated by technology self-efficacy. *Asia Pacific Journal of Management*, pp.1~26.

Devine, M. A. & Gale, T.(2023). Technology, innovation and leisure: Leisure engagement in new and unexpected ways. *Journal of Leisure Research, 54*(5), pp.513~518.

Gregg, M.(2013). *Work's intimacy*. John Wiley & Sons.

Livingstone, S.(2019). Audiences in an age of datafication: Critical questions for media research. *Television & new media, 20*(2), pp.170~183.

Luger, E. & Sellen, A.(2016). "Like having a really bad PA": The gulf between user expectation and experience of conversational agents. *CHI '16: Proceedings of the 2016 CHI Conference on Human Factors in Computing Systems*, pp.5286~5297.

Nass, C. & Moon, Y.(2000). Machines and mindlessness: Social responses to computers. *Journal of Social Issues, 56*(1), pp.81~103.

Zuboff, S.(2019). *The age of surveillance capitalism: The fight for a human future at the new frontier of power*. PublicAffairs.

03
추천 알고리즘과 선택의 자유

AI 기반 추천 알고리즘은 오늘날 여가 경험의 핵심적 매개체로 자리 잡고 있다. 넷플릭스, 유튜브, 스포티파이 등 주요 플랫폼은 방대한 데이터를 분석하여 개인 맞춤형 콘텐츠를 제공한다. 그러나 이러한 편리함은 동시에 사용자의 자율성과 선택의 자유를 제한하며, 여가의 본질적 성격을 바꾸고 있다.

인공지능과 편향?

추천 알고리즘의 작동 원리와 편리함

추천 알고리즘은 방대한 데이터를 기반으로 사용자의 미래 선택을 예측하고 맞춤형 경험을 제공한다. 기본적으로는 이용자의 시청 기록, 검색 내역, 클릭 패턴, 재생 시간 등 다양한 행동 데이터를 수집하고 이를 분석해 유사한 선호를 가진 집단과 비교한다(박도형 외, 2025). 이렇게 생성된 데이터 프로파일은 '이용자가 앞으로 무엇을 보고, 들을지'에 대한 예측 모델로 작동한다(추용주, 2024). 예컨대 넷플릭스는 장르별 선호도와 시청 완료율, 특정 시간대의 접속 빈도를 종합적으로 고려해 영화를 추천하며, 스포티파이는 음원 청취 패턴을 토대로 매주 개인화된 'Discover Weekly' 플레이리스트를 제공한다(Bucher, 2018).

이 과정에서 중요한 것은 '탐색 비용(search cost)'의 절감이다. 정보가 넘쳐나는 오늘날, 사용자가 스스로 수많은 콘텐츠를 탐색하는 데 드는 시간과 노력을 최소화한다는 점에서 알고리즘은 긍정적 기능을 수행한다(오세욱, 2016). 이용자는 자신에게 맞춤화된 콘텐츠를 빠르게 접하며, 만족스러운 경험을 쉽게 확보할 수 있다. 이처럼 추천 시스템은 단순히 정보를 제공하는 수준을 넘어, 이용자의 여가 경험을 효율적으로 설계하는 역할을 한다.

더 나아가 플랫폼은 나이, 성별, 지역, 계절적 요인, 심지어 기기의 사용 패턴까지 고려한다. 예를 들어 음악 플랫폼 멜론이나 스포티파이는 밤 시간대에는 잔잔한 음악을, 아침 시간에는 에너지 넘치는 플레이리스트를 추천한다. 아마존 프라임과 디즈니+는 가족 단위 계정에서 연령별 선호를 반영해, 성인과 아동 모두가 만족할 수 있는 콘텐츠를 배치한다. 이처럼 알고리즘은 여가를 생활 리듬과 밀접하게 결합하며, '일상화된 여가 경험'을 가능하게 한다.

또한 추천 시스템은 단순한 효율성 차원을 넘어 플랫폼과 이용자 간의 관계를 재편한다. 플랫폼은 알고리즘을 통해 이용자의 충성도를 높이고, 새로운 콘텐츠 소비를 유도하며, 결과적으로 문화 산업 전반의 흐름을 형성한다(황낙건, 2022). 사용자는 편리함을 경험하지만, 동시에 플랫폼은 이러한 편의성을 토대로 문화적 영향력을 강화하고 시장 지배력을 확대한다.

종합하면, 추천 알고리즘은 방대한 정보 속에서 개인이 원하는 것을 쉽게 찾도록 돕는 편리한 도구일 뿐 아니라, 여가를 일상에 깊숙이 통합하고 새로운 소비문화를 창출하는 핵심 메커니즘이라 할 수 있다.

자율성과 선택 범위의 제약

추천 알고리즘은 표면적으로 사용자의 자유를 존중하는 것처럼 보이지만 실제로는 선택의 자율성을 제한한다. 이용자는 다양한 옵션 속에서 스스로 선택한다고 느끼지만, 실제로는 알고리즘이 제시하는 콘텐츠 범위 안에 머물게 된다. 이 과정에서 여가는 '자율적 탐색'이 아니라 '설계된 경험'으로 수렴되며, 선택의 자유가 축소된다(이동후, 2024).

대표적 사례가 유튜브 추천 시스템이다. 유튜브는 이용자의 시청 시간을 늘리기 위해 자동 추천을 제공하는데, 이 과정에서 극단주의나 음모론적 콘텐츠가 확산된 바 있다. 이는 개인의 흥미 충족이 사회적 편향 강화로 이어질 수 있음을 보여준다.

이러한 경향은 '필터 버블(filter bubble)' 현상으로 설명된다(Pariser, 2011). 사용자는 자신과 유사한 정보만 접하며, 새로운 문화적 자극이나 상이한 시각을 만날 기회를 잃는다. 그 결과 여가는 다양성과 창의성을 상실하고, 반복적 경험에 갇히게 된다.

또한 추천 시스템은 여가를 사회적 학습과 참여의 장이 아니라 단순한 '소비 공간'으로 한정할 수 있다. OTT 플랫폼에서 특정 장르를 선호하는 이용자가 유사한 콘텐츠만 반복적으로 추천받는 경우, 다른 장르를 접할 기회를 제한 당한다. 이처럼 알고리즘은 편리함을 주지만 동시에 자율성과 문화적 다양성을 약화한다. 문제의 본질은 이용자가 어떤 선택을 하느냐가 아니라, 어떤 선택지를 제시받는가에 달려 있다는 점이다. 따라서 여가를 자기실현의 장으로 유지하려면 알고리즘을 넘어서는 능동적 선택 전략이 필요하다.

알고리즘 개인화와 사회적 연대의 균열

추천 알고리즘의 개인화는 단순히 이용자의 만족도를 높이는 데 그치지 않고, 사회적 자본(social capital)과 공동체적 여가의 약화를 초래한다. 퍼트넘(Putnam, 2000)이 지적했듯이, 현대 사회에서 공동체적 네트워크와 신뢰는 점차 감소하고 있으며, 이는 디지털 환경에서 더욱 심화된다. 과거에는 사람들이 동일한 방송 프로그램이나 스포츠 경기, 혹은 대규모 축제와 같은 공통된 여가 활동을 통해 사회적 교류와 유대를 형성했다. 그러나 오늘날 알고리즘은 개인별로 맞춤화된 콘텐츠를 제공하기 때문에, 사람들은 서로 다른 경험을 소비하고 공통의 대화 주제를 공유하기 어려워졌다.

이러한 변화는 사회적 자본의 '연결형(bonding)'과

'교량형(bridging)' 기능 모두에 부정적 영향을 미친다. 연결형 자본은 가까운 관계 내에서 유대를 강화하는 기능인데, 알고리즘이 개인화된 콘텐츠를 제공하면 가족이나 친구조차 서로 다른 여가 경험을 하게 된다. 예를 들어 한 가정 내에서도 부모는 드라마를, 자녀는 게임 영상을, 또 다른 가족은 음악 콘텐츠를 소비하게 되면서 대화와 경험 공유의 기회가 줄어든다. 교량형 자본은 사회적 범위 바깥의 사람들과 교류할 수 있는 기능인데, 추천 시스템은 취향이 유사한 사람끼리만 묶어주는 경향을 보여 이질적 교류를 제한한다. 결과적으로 사회적 네트워크가 단절되고 공동체성은 약화된다.

넷플릭스와 같은 OTT 플랫폼은 개별적 몰입 경험을 강화하지만, 시청자가 서로 다른 작품을 소비하면서 공통의 담론장이 줄어드는 부정적 효과를 가져온다. SNS에서도 알고리즘 기반 추천은 특정 관심사에 맞는 콘텐츠만 보여주어, 다른 집단과의 접점을 약화하고 사회적 공감대를 축소한다. 그 결과 여가는 개인적 만족에는 기여할 수 있지만, 사회적 교류와 연대를 위한 장으로서의 기능은 점차 사라진다.

이처럼 추천 알고리즘은 여가를 개인화된 경험으로 만들면서도, 동시에 사회적 관계를 약화하는 이중적 성격을 지닌다(임동균, 2024). 여가가 공동체를 연결하는 장이 아니라 개인화된 소비 경험으로 변질될 경우, 사회적 자본의 축적은 더욱 어려워진다. 따라서 여가 연구에서는 기술 매개적 여가가 사회적 연대에 미치는 영향을 면밀히 검토해야 하며, 정책적 차원에서는 알고리즘을 통한 다양한 교차적 경험을 장려하는 제도가 필요하다.

심리학적 관점에 본 선택의 자유

현대 사회에서 수많은 영화, 음악, 게임 중에서 무엇을 즐길지 결정하는 것은 큰 인지적 부담이 될 수 있다. 알고리즘은 이러한 부담을 줄여 이용자가 손쉽게 선택하도록 돕는다. 이는 여가의 접근성을 높이고 만족스러운 경험을 효율적으로 제공하는 긍정적 기능이라 할 수 있다.

그러나 선택의 편리함 뒤에는 주체적 경험의 약화라는 문제가 존재한다. 이용자가 스스로 콘텐츠를 탐색하고 선택하는 과정은 자기결정의 중요한 부분인데, 알고리즘은 이 과정을 단축하거나 대체해 버린다. Dhar와 Nowlis(1999)의 연구에 따르면, 외부 요인이 선택을 제한할 경우 소비자는 동일한 결과에도 불구하고 만족도가 낮아진다. 즉, 결과가 즐거운 경험일지라도 '내가 선택했다'는 주체적 감각이 줄어들면 여가의 심리적 충족감은 약화된다. 이는 여가가 수동적 소비로 전락할 위험성을 보여준다.

또한 자율성은 인간의 기본 심리 욕구라는 점에서 더욱 중요하다. 자기결정 이론(self-determination theory)을 제시한 데시와 라이언(Deci & Ryan, 1985)은 자율성, 유능감, 관계성의 충족이 인간의 내적 동기와 행복을 좌우한다고 설명했다. 여가에서 자율성이 보장될 때, 사람들은 단순한 오락을 넘어 성취감과 자기실현을 경험할 수 있다. 그러나 알고리즘이 반복적으로 특정 콘텐츠만 제시할 경우, 이용자는 새로운 시도를 할 기회를 잃고 자기 주도적 여가를 구성하기 어렵게 된다.

심리학적 관점에서 보면, 추천 알고리즘은 선택의 복잡성을 줄여 안도감을 제공하지만 동시에 개인의 주체적 만족을 약화하는 모순적 특성을 가진다. 따라서 여가의 심리적 가치를 보존하기 위해서는 알고리즘을 보조 도구로 활용하되, 이용자가 스스로 탐색하고 선택할 수 있는 여지를 남겨두는 균형이 필요하다. 결국 선택의 자유는 단순히 옵션의 수를 의미하는 것이 아니라, 자신이 진정으로 원하는 것을 '자발적으로 선택했다'는 경험에 달려 있음을 확인할 수 있다.

정책적 함의와 대안

추천 알고리즘은 본질적으로 방대한 개인정보 수집과 분석을 기반으로 작동하며, 이는 감시 자본주의의 심화를 불러올 수 있다(Zuboff, 2019). 이용자가 콘텐츠를 소비하는 과정에서 생성되는 데이터는 단순한 기록이 아니라 기업이 사용자 행동을 예측 · 통제하는 자원으로 전환된다. 따라서 데이터는 여가의 질을 높이는 자원이면서 동시에 프라이버시를 위협하는 잠재적 위험 요소가 된다.

이러한 맥락에서 알고리즘 투명성과 데이터 권리 보장은 필수적이다. 우선, 플랫폼은 이용자에게 어떤 데이터가 수집되고 어떻게 활용되는지를 명확히 공개해야 한다. 유럽연합(EU)의 일반개인정보보호법(GDPR)은 '설명 가능한 알고리즘'과 '잊힐 권리'를 제도화하여 이용자의 권리를 보호하는 대표적 사례다. 이러한 규제는 여가 소비 과정에서 발생하는 데이터 역시 개인이 관리할 수 있도록 보장하는 방향으로 확장되어야 한다.

또한 최근 일부 플랫폼이 도입한 '세렌디피티 알고리즘(serendipity algorithm)'은 주목할 만하다. 이는 사용자가 예상치 못한 콘텐츠를 경험하도록 설계된 것으로, 필터 버블과 콘텐츠 편중 문제를 완화하는 장치로 기능한다. 예컨대 스포티파이의 디스커버 위클리(Discover Weekly)와 넷플릭스의 '셔플 재생' 기능은 개인화된 틀 안에서도 우연적 발견을 제공하며, 여가의 다양성과 창의성을 회복시킬 수 있다. 이러한 기능은 단순히 기술적 장치에 머무르지 않고, 여가의 자율성을 보호하는 사회적 실험으로 이해될 수 있다.

정책 차원에서는 알고리즘의 사회적 영향에 대한 규제와 감시가 필요하다. 국가와 공공기관은 플랫폼 기업의 독점적 권한을 견제하고, 공공의 이익에 부합하는 알고리즘 설계를 유도해야 한다. 더불어 문화 정책은 다양한 장르와 문화적 자원을 균등하게 추천하도록 제도적 장치를 마련할 수 있다. 예를 들어 공공 도서관이나 박물관의 디지털 플랫폼은 특정 장르에 편향되지 않고 다양한 자료를 균형 있게 추천함으로써 문화적 접근성을 보장할 수 있다.

교육적 측면에서도 디지털 리터러시 강화가 중요하다. 이용자 스스로 알고리즘의 편향을 인식하고 추천에 전적으로 의존하지 않으며 능동적으로 여가를 선택할 수 있는 역량을 길러야 한다. 특히 청소년과 고령층은 디지털 환경에서 가장 취약한 집단으로, 이들에게 알고리즘의 작동 원리와 대처 방안을 교육하는 것은 필수적이다.

결국 정책적 대안은 기술적 · 제도적 장치와 이용자 교육이 병행될 때 효과를 거둘 수 있다. 알고리즘의 투명성과 다양성 보장, 개인정보 보호, 그리고 디지털 리터러시 교육은 서로 긴밀하게 연결되어야 한다. 이러한 균형적 접근을 통해서만 AI 시대의 여가는 단순한 소비가 아니라 창의성과 공동체성을 강화하는 장으로 발전할 수 있다.

참고문헌

박도형 외(2025). "E-Commerce 추천 시스템이 소비자의 상품 선택 행동에 미치는 차별적 영향 분석: 아이트래커를 통한 시각적 반응 분석". 《지능정보연구》, 31(1), 93~114쪽.

오세욱(2016). "저널리즘과 알고리즘의 융합에 대한 탐색적 연구". 《사이버커뮤니케이션학보》, 33(3), 51~101쪽.

이동후(2024). "알고리즘 기반 텔레비전 미디어의 '편향'과 '지식 독점'에 관한 탐색". 《방송과 커뮤니케이션》, 25(3), 152~188쪽.

임동균(2024). "인공지능의 발전과 국가, 시장, 시민사회". 《한국사회학》, 58(4), 99~122쪽.

추용주(2024). "KNN 알고리즘을 기반으로 하는 질병 예측 및 건강기능식품 추천 알고리즘에 관한 연구". 《스마트미디어저널》, 13(8), 49~57쪽.

황낙건(2022). "OTT 플랫폼의 썸네일 서비스 유형이 지속이용의도에 미치는 영향: 유튜브 이용자를 중심으로". 《한국엔터테인먼트산업학회논문지》, 16(3), 13~27쪽.

Bucher, T.(2018). *If... then: Algorithmic power and politics.* Oxford University Press.

Deci, E. L. & Ryan, R. M.(1985). The general causality orientations scale: Self-determination in personality. *Journal of Research in Personality, 19*(2), pp.109~134.

Dhar, R. & Nowlis, S. M.(1999). The effect of time pressure on consumer choice deferral. *Journal of Consumer Research, 25*(4), pp.369~384.

Pariser, E.(2011). *The filter bubble: What the Internet is hiding from you.* Penguin Press.

Putnam, R. D.(2000). *Bowling alone: The collapse and revival of American community.* Simon & Schuster.

Zuboff, S.(2019). *The age of surveillance capitalism: The fight for a human future at the new frontier of power.* PublicAffairs.

04
가상공간과 체험의 확장

가상현실(VR), 증강현실(AR), 메타버스는 여가의 지형을 근본적으로 변화시키고 있다. 이 기술들은 물리적 공간의 한계를 넘어 몰입적 경험을 제공하며 개인의 감각과 정체성, 관계 형성 방식을 재구성한다. 이러한 기술이 여가를 어떻게 확장하고 변형시키는지를 감각 경험, 정체성, 사회적 관계의 측면에서 탐구한다.

청각장애인과 AI?

몰입적 감각 경험의 확장

VR와 AR는 인간의 감각 경험을 기존 물리적 환경의 한계를 넘어 다층적으로 확장한다. 전통적인 여가가 시각과 청각 중심의 경험에 국한되었다면, VR와 AR는 공간적 몰입감, 실시간 상호작용, 나아가 촉각·운동감각까지 자극한다(Wu et al., 2024). 예컨대 VR 게임은 360도 시각적 몰입과 동작 인식 기술을 통해 실제 전투나 스포츠 경기와 유사한 체험을 제공한다. 반면 AR는 현실 위에 디지털 정보를 겹쳐 증강된 현실을 만들어 내며, 현실 세계와 가상 세계가 공존하는 복합적 경험을 가능하게 한다(Milgram & Kishino, 1994).

이러한 감각 확장은 단순히 엔터테인먼트의 차원을 넘어서, 학습·치료·관광 등 다양한 영역에서 새로운 여가 경험을 창출한다(배진희, 2025). VR 기반 교육 프로그램은 학생들에게 과거의 역사 현장을 재현하여 몰입형 학습 경험을 제공하며, 이는 전통적 강의보다 높은 이해도와 몰입도를 보여준다. 또한 의료 영역에서 VR는 공황장애·외상 후 스트레스 장애(PTSD) 환자의 치료에 활용되며, 공포증 치료나 명상 프로그램에서도 효과를 입증했다(정진협, 2019). 이는 여가가 결합된 새로운 치유 경험의 장을 열어준다.

특히 VR 관광은 실제로 장소를 방문하지 않고도 그곳을 경험할 수 있게 해주며, 장애인이나 고령층처럼 이동이 어려운 계층에게 새로운 여가 접근성을 보장한다(Guttentag, 2010). 팬데믹 기간 동안 VR 기반 가상 투어는 해외여행의 대체재로 자리 잡아, 물리적 제약을 극복한 대표적 사례가 되었다. 한편 AR 기반 서비스는 박물관 · 역사 유적지에서 전시물의 맥락을 시각적 · 청각적 정보와 결합해 관람객의 학습적 체험을 강화한다. 포케몬 고(Pokemon Go)와 같은 위치 기반 AR 게임은 놀이와 신체 활동, 그리고 사회적 상호작용을 동시에 유발하여 여가의 범위를 공적 공간으로 확장했다.

더 나아가 몰입적 경험은 단순히 '대체 체험'에 머무르지 않고, 새로운 유형의 창의적 활동으로 발전하고 있다. 예술가와 공연자는 VR 무대를 통해 관객과의 상호작용을 새롭게 설계하고 있으며, 스포츠 분야에서는 VR를 활용한 가상 트레이닝이 확산되고 있다. 이는 여가가 개인적 차원의 즐거움을 넘어 창작 · 참여 · 학습의 장으로 확장되고 있음을 보여준다.

VR와 AR는 감각적 몰입을 통해 여가를 보다 포괄적이고 다차원적인 경험으로 전환하고 있다. 단순한 시청각적 자극을 넘어 전신적 · 정서적 체험을 가능하게 함으로써, 여가는 이제 물리적 현실을 초월하는 새로운 차원의 문화적 실천으로 자리 잡아가고 있다.

정체성과 자아 표현의 변형

가상공간은 개인의 정체성 형성 방식에 근본적 변화를 가져왔다. 메타버스 플랫폼에서 아바타는 사용자의 또 다른 자아를 표현하는 수단으로 기능하며, 이용자는 현실에서와 다른 정체성을 실험할 수 있다(Yee & Bailenson, 2007). 이는 외모나 성별, 사회적 지위 등 현실에서 제약받던 요소를 초월하여 새로운 자아를 탐색하게 한다. 이러한 아바타 경험은 자기표현의 자유를 확대하는 동시에, 현실의 사회적 제약에서 벗어난 상호작용을 가능하게 하여 여가를 창조적이고 실험적인 장으로 확장한다.

예컨대 일부 이용자는 현실에서 시도하기 어려운 성별 전환이나 이상적 외모 구현을 통해 또 다른 자아를 경험한다. 이는 놀이적 성격을 넘어, 정체성의 유연성과 다층성을 탐색할 수 있는 기회를 제공한다. 특히 청소년과 청년층에게 가상공간은 자기 탐색과 사회적 정체성 학습의 무대로 작용한다. 그러나 이러한 아바타 경험이 항상 긍정적이지만은 않다. 현실 자아와 가상 자아 사이의 괴리가 심화되면, 정체성 혼란이나 자기 부정으로 이어질 수 있다. 터클(Turkle, 1995)은 이러한 이중적 정체성이 심리적 해방감을 주기도 하지만, 동시에 현실 관계를 회피하게 만들고 내적 불안을 심화시킬 수 있음을 지적했다.

또한 가상공간의 정체성 실험은 사회적 상호작용의 방식도 바꾸고 있다. 사람들은 아바타를 통해 현실에서 만나지 못할 다양한 집단과 교류하며, 새로운 관계망을 형성한다. 이는 여가가 사회적 연대의 장으로 확장되는 긍정적 효과를 보여주지만, 동시에 이러한 관계가 익명성과 가변성 속에서 피상적이고 불안정해질 위험도 존재한다. 특히 온라인 괴롭힘이나 정체성 위장 사례는 가상공간의 관계가 언제든 취약할 수 있음을 보여준다.

종합하면, 가상공간은 개인에게 정체성의 실험과 자아 표현의 자유를 제공하는 강력한 여가 자원이지만, 동시에 현실 자아와의 괴리와 사회적 관계의 불안정성이라는 도전을 내포한다. 따라서 여가 연구는 아바타 경험의 긍정적 가능성과 부정적 위험을 동시에 분석하며, 이를 균형 있게 활용할 수 있는 문화적 · 교육적 지침을 제시해야 할 것이다.

사회적 관계와 공동체 형성의 변화

가상공간은 사회적 관계 형성과 공동체 활동에 새로운 가능성을 열어주고 있다. 메타버스 내 가상 콘서트, 온라인 축제, 협업형 게임은 물리적 거리와 상관없이 사람들이 동시에 참여하고 경험을 나누게 한다. 대표적으로 코로나19 팬데믹 기간에 포트나이트에서 열린 가상 공연은 수백만 명의 이용자가 접속하여 물리적 제약을 넘어서는 새로운 여가 문화를 보여주었다. 이러한 경험은 여가가 더 이상 특정 장소에 국한되지 않고, 디지털 환경에서 공동의 체험으로 확장되고 있음을 보여준다.

가상공간은 또한 연령 · 지역 · 국적을 초월한 네트워크를 가능하게 한다. 예컨대 로블록스(Roblox)나 제페토(Zepeto)와 같은 플랫폼에서는 전 세계의 청소년과 청년층이 함께 놀이와 창작 활동을 하며 '가상 또래 문화'를 형성한다. 이는 공동체적 연대를 새로운 방식으로 재구성하며, 여가를 글로벌한 차원의 문화적 교류로 확장한다.

그러나 이러한 가상 공동체는 현실 공동체와는 다른 특성을 가진다. 관계는 물리적 만남 없이 형성되므로, 언제든 단절될 수 있는 유동성을 지닌다. 친밀감은 형성되지만 깊은 신뢰와 사회적 의무로 이어지지 않을 수 있다. 사회학자 바우만(Bauman, 2013)이 제시한 '액체 근대성' 개념처럼, 가상공간의 관계는 느슨하고 불안정한 특성을 지니며, 이는 공동체적 연대의 지속성을 위협할 수 있다. 또한 익명성과 아바타 기반 정체성은 상호작용의 자유를 확대하는 동시에, 온라인 괴롭힘 · 정체성 위장과 같은 문제를 초래하기도 한다.

이러한 맥락에서 메타버스 기반 여가는 사회적 유대를 확장하는 동시에, 피상적이고 불안정한 관계를 만드는 양면성을 내포한다. 따라서 여가 연구는 가상공간이 제공하는 새로운 사회적 관계의 가능성과 위험을 균형 있게 분석해야 한다. 정책적으로는 건강한 가상 공동체 문화를 지원하기 위해, 이용자 보호 장치 · 윤리적 규범 · 디지털 시민성 교육이 병행되어야 한다. 그래야만 가상공간은 사회적 자본을 축적하는 장으로 기능하며, 여가가 공동체적 연대와 개인적 즐거움을 동시에 강화할 수 있을 것이다.

여가 연구와 정책적 함의

VR, AR, 메타버스는 여가의 영역을 혁신적으로 확장했지만, 동시에 새로운 사회적 과제를 수반한다. 몰입적 체험은 교육 · 치료 · 관광 등에서 긍정적 기회를 열어주지만, 과몰입 · 정체성 혼란 · 사회적 고립 등 부정적 효과도 낳는다. 특히 현실과 가상의 경계가 흐려질수록 개인의 시간 관리와 심리적 안정이 위협받을 수 있다. 따라서 여가 연구는 기술이 만들어 내는 새로운 경험의 가치를 인정하면서도 그 사회적 비용과 위험을 균형 있게 검토해야 한다.

정책 차원에서는 먼저 데이터 보호와 개인정보 관리가 핵심 과제다. 가상공간에서 이용자의 모든 활동이 데이터화되는 만큼, 플랫폼은 데이터 수집 · 활용 과정에서 투명성을 확보해야 한다. 유럽연합의 일반개인정보보호법은 알고리즘 설명권과 잊힐 권리를 제도화한 사례로, 여가 관련 데이터 관리에도 적용 가능한 모델이다. 한국에서도 「개인정보 보호법」 개정 논의가 진행 중이며, 이는 VR · AR · 메타버스 환경에서의 여가 데이터 관리 문제와 직결된다.

둘째, 문화 · 교육적 활용의 장려가 필요하다. VR 박물관 투어, AR 역사 교육, 메타버스 기반 수업은 여가와 학습을 결합하여 창의적 체험을 제공한다. 정부와 지방자치단체는 공공기관과 협력해 이러한 서비스의 접근성을 높이고, 지역 주민 누구나 체험할 수 있도록 지원해야 한다. 특히 장애인 · 고령층에게는 이동 제약을 넘어서는 여가 접근성을 보장한다는 점에서 사회적 의미가 크다(Guttentag, 2010).

셋째, 청소년 보호와 디지털 리터러시 교육이 중요하다. VR 게임이나 메타버스 플랫폼은 청소년이 가장 활발히 참여하는 여가 공간이지만, 동시에 과몰입 · 중독 · 사이버 괴롭힘 위험에 노출된다. 따라서 청소년에게는 단순한 이용 제한이 아니라, 올바른 디지털 시민성 교육과 자기조절 능력을 강화하는 프로그램이 필요하다. 교육부와 문화부가 협력하여 체험 교육과 윤리 교육을 병행하는 정책적 접근이 요구된다.

넷째, 윤리적 기준과 산업 규제가 병행되어야 한다. 메타버스 내 상호작용이 사회적 차별이나 혐오 표현으로 이어지지 않도록 법적 · 윤리적 가이드라인을 마련할 필요가 있다. 기업은 자율규제 차원에서 사용자 보호 시스템을 강화해야 하며, 국가 차원에서는 공공 감시와 법제화를 통해 이를 보완해야 한다.

결국 여가 연구와 정책의 핵심은 기술 발전이 여가를 창의적이고 풍요로운 장으로 발전시키도록 유도하는 동시에, 그 과정에서 발생할 수 있는 위험을 최소화하는 데 있다. 몰입적 체험은 분명 새로운 기회이지만, 사회적 균형과 제도적 장치가 마련되지 않는다면 그 부정적 효과가 커질 수 있다. 따라서 학계 · 산업 · 정부 · 시민사회가 협력하는 다층적 접근이 필요하며, 이를 통해 가상공간은 여가의 새로운 지평을 여는 동시에 사회적으로 건강한 방향으로 제도화될 수 있을 것이다.

참고문헌

배진희(2025). "시각장애인의 특성을 고려한 박물관 전시 구성과 교육 경험 변화: 국립중앙박물관 〈공간 오감〉 을 중심으로". 《박물관과 연구》, 3, 265~296쪽.

정진협(2019). "공황장애 환자의 동영상 기반 동작치료 프로그램 수행이 공황장애 증상 완화 및 뇌파에 미치는 영향". 《디지털융복합연구》, 17(10), 453~459쪽.

Bauman, Z.(2013). *Liquid modernity.* John Wiley & Sons.

Guttentag, D. A.(2010). Virtual reality: Applications and implications for tourism. *Tourism Management, 31*(5), pp.637~651.

Milgram, P. & Kishino, F.(1994). A taxonomy of mixed reality visual displays. *IEICE Transactions on Information and Systems, E77-D*(12), pp.1321~1329.

Turkle, S.(1995). *Life on the screen: Identity in the age of the Internet.* Simon & Schuster.

Wu, L. et al.(2024). Using cell phone usage data to explore the spatial distribution of virtual leisure and the impact on reality leisure. *Leisure Studies*, pp.1~15.

Yee, N. & Bailenson, J.(2007). The Proteus effect: The effect of transformed self-representation on behavior. *Human Communication Research, 33*(3), pp.271~290.

05
창작의 자동화

AI는 더 이상 단순한 연산 도구가 아니라 창작의 주체로 등장하고 있다. 음악, 미술, 영상 등 예술 전반에서 AI는 창작자의 작업을 보조하거나, 독립적인 창작물을 생산하는 단계에까지 이르렀다. 이러한 변화는 인간 창작 활동의 의미를 재구성하며, 여가의 창조성을 새롭게 정의하도록 요구한다.

AI 콘텐츠 크리에이터?

음악 창작의 자동화와 여가 경험

AI는 음악 창작에서 빠르게 확산되며, 전문 예술가뿐 아니라 일반인의 여가 경험까지 변화시키고 있다. 구글의 마젠타(Magenta)는 새로운 멜로디와 화음을 만들어 내고, OpenAI의 주크박스(Jukebox)는 특정 아티스트의 스타일을 모방해 새로운 곡을 생성한다. 과거 전문가의 전유물로 여겨졌던 작곡은 이제 누구나 시도할 수 있는 여가 활동으로 확장되었으며, 이는 여가의 창의적 접근성을 크게 높이고 있다.

특히 AI 음악은 사용자의 취향과 감정 상태를 반영해 맞춤형 경험을 제공한다(박준영 외., 2025). 예를 들어 장르, 분위기, 템포를 설정하면 개인화된 음악이 생성되며, 이는 자기표현과 성취감을 강화한다. 여가가 단순한 음악 감상에서 벗어나 능동적 창작과 참여로 변모하는 것이다.

그러나 이러한 편리함은 인간 창작자의 역할을 약화하고, 음악의 독창성과 진정성을 훼손할 수 있다는 비판을 불러일으킨다. 예술은 전통적으로 인간적 감수성과 경험을 표현하는 행위였는데, AI가 이를 대체할 경우 음악의 사회적 · 정서적 가치가 축소될 위험이 있다. 또한 AI가 생성한 음악의 저작권 귀속 문제는 아직 명확히 정리되지 않았으며, 창작자와 기계의 역할 구분에 관한 윤리적 논쟁도 이어지고 있다(박찬경, 2024).

결국 AI 음악은 여가를 수동적 소비에서 능동적 창작으로 확장하는 동시에, 감수성 상실과 저작권 논쟁이라는 새로운 도전을 수반한다. 여가 연구는 AI 음악의 창의적 가능성과 그로 인해 발생하는 문화적 · 윤리적 문제를 균형 있게 검토해야 하며, 인간과 기계의 협력적 창작 모델을 모색해야 한다.

미술과 시각 예술에서의 AI 창작

AI는 미술과 시각 예술에서도 점차 중요한 창작 주체로 부상하고 있다. 딥드림(DeepDream)이나 생성적 적대 신경망(Generative Adversarial Network, GAN) 기반 이미지 생성은 전통적 화풍을 모방하거나 완전히 새로운 작품을 만들어 내며, 예술 창작의 가능성을 확장한다 (Elgammal et al., 2017). 실제로 2018년 크리스티 경매에서 프랑스 예술 단체 오브비어스(Obvious)가 AI로 제작한 에드몽 드 벨라미 초상화가 약 43만 달러에 낙찰된 사건은, AI 예술이 단순한 실험을 넘어 미술 시장에서 경제적 가치를 인정받기 시작했음을 보여준다.

이러한 사례는 예술의 창작 주체가 반드시 인간일 필

요가 있느냐는 근본적인 질문을 던진다. 과거에는 작품의 예술적 가치는 작가 개인의 창의성과 고유한 표현 방식에서 비롯되었다. 그러나 AI는 방대한 데이터 세트를 학습해 기존 화풍을 재구성하거나, 인간이 상상하기 어려운 방식으로 이미지를 창조한다(박태성, 2024). 이는 창작의 의미를 인간 중심에서 '인간-기계 협력'의 맥락으로 이동시키고 있다.

또한 AI 도구의 보급은 미술의 민주화를 촉진한다. 전문적 교육을 받지 않은 일반인도 손쉽게 그림, 사진, 디자인을 제작할 수 있으며, 이는 여가를 창작적 자기표현의 장으로 확장한다. 인스타그램, 디지털 아트 플랫폼, NFT(대체 불가능 토큰) 거래소와 같은 공간에서 개인은 AI로 생성한 이미지를 공유 · 판매하며 새로운 문화적 · 경제적 활동을 전개한다. 이는 여가가 단순한 취미의 영역을 넘어 사회적 · 경제적 네트워크로 확장되는 사례라 할 수 있다.

그러나 동시에 창작의 진정성과 저작권 문제는 중요한 논쟁을 불러일으킨다(김종국, 2024). AI가 만든 작품은 누구의 창작물인가? 이를 데이터로 학습시킨 원작자의 권리는 어떻게 보호할 것인가? 인간 예술가의 창의성이 상업적 알고리즘에 종속될 수 있다는 우려도 존재한다. 따라서 여가 차원에서 AI 예술은 창작의 문턱을 낮추고 새로운 자기표현의 가능성을 열어주지만, 인간적 감수성과 진정성을 약화할 위험을 함께 안고 있다.

AI 미술은 여가를 능동적 창작의 장으로 재편하면서도, 창작 주체성과 예술 가치에 대한 전통적 이해를 근본적으로 흔들고 있다. 따라서 여가 연구는 AI 예술의 확산이 인간의 자기표현, 창조성, 그리고 문화적 자본 형성에 어떤 영향을 미치는지 지속적으로 탐구해야 한다.

영상과 스토리텔링의 자동화

영상 제작과 스토리텔링 영역에서도 AI의 영향력은 빠르게 확대되고 있다. 과거에는 영화 · 영상 제작이 고도의 기술과 장비를 필요로 했지만, 오늘날 AI는 자동 편집, 시각 효과, 음향 보정, 심지어 시나리오 작성까지 담당하며 이용자에게 전문 지식 없이도 영상을 제작할 수 있는 기회를 제공한다. Runway ML이나 신세시아(Synthesia)와 같은 플랫폼은 이미지 합성, 자동 더빙, 배경 교체 기능을 지원해, 일반인도 손쉽게 창의적 영상을 제작할 수 있도록 한다. 이러한 도구들은 영상 제작의 문턱을 낮추며, 유튜브 크리에이터나 아마추어 영화 제작자들에게 새로운 여가 활동의 장을 열어주고 있다.

AI는 단순히 편집을 자동화하는 수준을 넘어, 서사와 스토리텔링의 방식까지 바꾸고 있다. 예컨대 대화형 AI는 사용자와 상호작용하며 이야기를 공동으로 만들어 내고, 게임이나 인터랙티브 영화에서는 관객의 선택이 서사 전개에 반영된다. 이는 전통적인 수동적 콘텐츠 소비를 넘어, 참여적이고 상호작용적인 여가 경험을 가능케 한다. 나아가 AI는 관객 개개인의 성향을 분석해, 서로 다른 이야기 전개를 제시하기도 한다. 이렇게 맞춤형 스토리텔링은 사용자의 몰입과 정서적 만족을 높이는 동시에, 여가를 개인화된 창작 체험의 장으로 확장한다.

그러나 이러한 자동화와 개인화는 새로운 문제를 수반한다. 첫째, 알고리즘이 제시하는 서사는 기존 데이터와 패턴에 의존하기 때문에, 참신성과 다양성이 제한될 수 있다. 둘째, 인간 창작자의 역할은 줄어들고, 서사의 독창성과 진정성이 희석될 위험이 있다. 셋째, AI가 생성한 영상물의 저작권 귀속 문제는 여전히 해결되지 않은 과제다. 이는 여가 활동으로서 영상 제작이 활발해질수록 더욱 중요한 논쟁이 될 것이다.

AI는 영상과 스토리텔링을 자동화하며 여가의 창작 활동을 폭넓게 확장하고 있다. 누구나 창작자가 될 수 있는 기회를 제공하지만, 동시에 창작의 독창성과 주체성,

저작권 문제라는 새로운 도전도 함께 제기한다. 따라서 여가 연구는 AI 영상 창작의 민주화와 그 한계를 함께 분석해야 하며, 인간적 창의성과 AI의 효율성이 균형을 이룰 수 있는 협력적 모델을 모색할 필요가 있다.

창작의 주체성과 사회적 가치의 재구성

AI 창작의 확산은 인간과 기계의 역할을 근본적으로 재정의하도록 요구하고 있다. 과거 예술은 창작자가 고유한 감수성과 경험을 작품에 담아내는 과정으로 이해되었으나, 오늘날에는 AI가 인간의 지시 없이도 새로운 이미지를 생성하거나 음악을 작곡하는 사례가 증가하고 있다. 인간은 아이디어와 방향성을 제시하고, AI는 이를 구체화하는 협력적 도구로 활용되는 경우가 많지만, 점차 AI 자체가 독립적인 창작 주체로 간주되는 상황도 나타난다. 이는 창작의 독창성과 진정성, 저작권 주체에 대한 근본적 논쟁을 불러일으킨다(Boden, 2016).

이러한 변화는 예술의 사회적 가치에도 영향을 미친다. 예술 작품은 단순한 결과물이 아니라, 창작자의 노력과 시간, 맥락적 배경이 결합된 상징 자본이었다. 그러나 AI가 클릭 몇 번으로 결과물을 만들어 낼 수 있게 되면서, 예술의 사회적 권위와 상징성이 약화될 위험이 있다. 동시에 이러한 기술은 창작의 민주화를 촉진한다. 과거 전문가의 영역으로 제한되었던 음악·미술·영상 창작이 이제는 누구나 시도할 수 있는 여가 활동으로 확장되며, 개인은 창작의 즐거움과 자기표현의 기회를 보다 쉽게 누릴 수 있다.

여가학적 관점에서 이는 중요한 전환을 의미한다. 여가에서 창작은 단순히 결과물의 생산보다 과정 속에서 경험하는 몰입감·성취감·자아실현이 핵심적 가치였다. 그러나 창작의 자동화는 인간의 수행적 노력과 과정적 성취를 약화할 수 있으며, 여가의 창조적 본질이 소비 중심으로 전환될 우려가 있다. 반면 AI를 비판적이고 능동적으로 활용할 경우, 인간은 기계와 협력해 더 큰 창조성을 발휘할 수 있다. 예를 들어 예술가가 AI를 도구로 삼아 새로운 미학적 시도를 한다면, 이는 오히려 기존에는 불가능했던 창조적 차원을 열 수 있다.

또한 사회적 차원에서 AI 창작은 경제적 가치 창출과 문화적 다양성 증진에도 기여할 수 있다. NFT 시장에서 AI 기반 창작물이 거래되는 현상은, 여가로서의 창작 활동이 경제 활동과 결합하는 새로운 패러다임을 보여준다. 그러나 동시에 저작권 분쟁, 데이터 학습 과정에서의 저작물 무단 사용, 창작물의 진정성 논쟁은 반드시 해결해야 할 과제다.

종합하면, AI 창작은 인간과 기계의 협력 모델을 통해 여가의 창조성을 확장하는 기회가 되는 동시에, 창작 주체성과 사회적 가치의 재구성을 요구하는 도전이기도 하다. 따라서 여가 연구는 창작의 민주화와 진정성 사이의 균형, 기술 활용과 윤리적 규제의 조화를 모색해야 하며, 이를 통해 여가가 단순한 소비를 넘어 인간적 창의성과 사회적 연대를 강화하는 장으로 발전할 수 있도록 방향을 제시해야 한다.

AI 시대 여가 창작의 기회와 도전

AI는 음악, 미술, 영상 등 다양한 예술 영역에서 창작 방식을 변화시키며, 인간의 여가를 새로운 창조적 차원으로 확장하고 있다. 이는 여가가 단순히 소비와 휴식의 차원을 넘어 능동적 창작과 자기표현의 장으로 발전할 수 있음을 보여준다. 누구나 AI 도구를 활용해 창작에 참여할 수 있는 환경은 창조적 여가의 민주화를 가능하게 하며, 이는 문화적 다양성과 개인적 만족도를 높이는 중요한 기회가 된다.

그러나 이러한 변화는 기존의 창작 개념을 근본적으로 흔들고 있다. 독창성과 진정성, 저작권, 창작 주체성 문제는 여전히 해결되지 않은 과제로 남아 있다. 특히 인간적 감수성과 맥락적 배경이 배제될 경우, AI 창작물은 단순히 기술적 산출물에 머무를 수 있으며, 여가의 본질인 과정적 성취와 몰입의 경험이 약화될 우려가 있다. 나아가 AI 창작물이 예술 시장과 산업에 본격적으로 편입될수록 법적 · 윤리적 문제는 더욱 첨예하게 드러날 것이다.

앞으로 여가 연구와 문화 정책은 이러한 기회와 도전을 균형 있게 다뤄야 한다. 기술의 창조적 가능성을 활용하되, 진정성과 윤리성을 보장할 수 있는 사회적 · 제도적 장치가 반드시 필요하다. 특히 AI와 인간이 협력하는 창작 생태계를 구축한다면, 기술은 인간적 창의성을 대체하는 것이 아니라 이를 보완 · 확장하는 역할을 할 수 있을 것이다. 미래의 여가는 단순히 AI의 자동화를 받아들이는 것이 아니라, 인간과 기계가 공동으로 새로운 예술적 의미와 사회적 가치를 창출하는 협력적 과정으로 나아갈 때 그 진정한 가능성을 발휘할 수 있다.

참고문헌

김종국(2024). "영화산업의 생성형 인공지능(Generative AI) 활용 현황과 문제점". 《Journal of Information Technology

Applications & Management》, 31(3), 181~192쪽.

박준영 외(2025). "NoRe: 일기 기반 AI 음악 생성 앱을 위한 디자인 제언". 《한국 HCI 학회 학술대회》, 260~266쪽.

박찬경(2024). "인공지능은 어떻게 윤리적 '대상'이 되는가?: 법적 모형들의 수행성과 반수행성에 관한 분석". 《언론과 사회》, 32(4), 5~62쪽.

박태성(2024). "데이터와 인공지능이 만든 융합예술: 레픽 아나돌(Refik Anadol)의 작품 분석". 《한국과학예술융합학회》, 42(5), 151~162쪽.

Boden, M. A.(2016). *AI: Its nature and future.* Oxford University Press.

Elgammal, A. et al.(2017). Can: Creative adversarial networks, generating "art" by learning about styles and deviating from style norms. arXiv:1706.07068.

Guttentag, D. A.(2010). Virtual reality: Applications and implications for tourism. *Tourism Management, 31*(5), pp.637~651.

Turkle, S.(1995). *Life on the screen: Identity in the age of the Internet.* Simon & Schuster.

06

관계와 소통의 전환

AI 챗봇, 가상 캐릭터, 디지털 휴먼은 단순한 기술적 산물이 아니라 새로운 사회적 상호작용의 파트너로 자리 잡고 있다. 이들은 여가 속 관계 형성의 방식을 변화시키며, 소통의 패러다임 전환을 이끌고 있다. 이러한 기술이 여가 속 관계와 소통을 어떻게 재편하고 있는지를 감정적 교류, 사회적 관계, 문화적 전환의 차원에서 살펴본다.

AI와 민주주의?

감정적 교류와 친밀성의 확장

AI 챗봇과 디지털 휴먼은 단순한 대화 프로그램을 넘어, 인간과의 상호작용 속에서 감정적 유대를 형성하는 존재로 발전하고 있다. 예컨대 레플리카(Replika)와 같은 AI 챗봇은 사용자의 언어 패턴과 정서 상태를 분석해 공감적인 반응을 제공하며, 이는 외로움 완화와 정서적 안정에 기여한다(Ho et al., 2018). 디지털 휴먼은 실제 사람과 유사한 얼굴 표정과 제스처, 목소리를 구현하여, 기술 매개적 관계임에도 불구하고 이용자에게 사실적인 교감을 제공한다. 이러한 상호작용은 전통적으로 인간관계에서 경험하던 친밀성을 새로운 형태로 확장한다.

특히 코로나19 팬데믹 기간 동안 사회적 고립이 심화되자, 사람들은 AI 기반의 대화 상대나 가상 캐릭터를 통해 정서적 대안을 찾았다(Naude, 2020). 이는 여가가 단순한 오락의 영역을 넘어 심리적 치유와 정서적 지지의 장으로 확장되고 있음을 보여준다. 사용자는 단순히 시간을 보내는 것이 아니라, AI를 통해 위로 · 격려 · 정서적 안정감을 경험하며 자기 돌봄의 형태로 여가를 활용한다.

이와 같은 기술은 사회적 약자나 취약 계층에게도 새로운 기회를 제공한다. 고령층은 챗봇을 통해 일상 대화를 이어가며 사회적 고립감을 줄이고, 청소년은 디지털 캐릭터와의 소통을 통해 또래 관계에서 경험하기 어려운 심리적 안정을 얻는다. 심리학적으로 이러한 경험은 대체적 친밀성으로 설명될 수 있으며, 이는 실제 인간관계를 완전히 대체하지는 않지만 여가 속 정서적 결핍을 완화하는 중요한 역할을 한다.

그러나 이러한 가상적 친밀성은 잠재적 위험도 내포한다. 첫째, 사용자가 AI와의 상호작용에 지나치게 의존할 경우, 현실 인간관계의 질과 깊이가 약화될 수 있다. 둘째, AI가 제공하는 감정적 반응은 실제 공감이 아니라 데이터 기반의 모사이기 때문에, 장기적으로는 허구적 관계의 한계가 드러날 수 있다. 셋째, 상업적 플랫폼에서 운영되는 AI 챗봇은 이용자의 정서를 기업적 이익과 연결할 수 있다는 점에서 비판의 대상이 된다.

AI 챗봇과 디지털 휴먼은 여가 속 감정적 교류와 친밀성을 새로운 차원으로 확장하며, 개인에게 정서적 안정을 제공하는 긍정적 자원이다(양나은 외, 2025). 그러나 동시에 현실 관계를 약화하거나 상업적 의존을 심화시킬 위험이 존재한다. 따라서 여가 연구는 AI 기반 친밀성의 긍정적 가능성과 부정적 위험을 균형 있게 분석하며, 이를 건강하게 활용할 수 있는 문화적 · 사회적 지침을 모색해야 한다.

사회적 관계와 상호작용의 재구성

가상 캐릭터와 디지털 휴먼은 여가 속 사회적 상호작용 방식을 근본적으로 변화시키고 있다. 메타버스 플랫폼에서 이용자는 아바타를 통해 가상 캐릭터와 교류하며, 이는 단순한 놀이를 넘어 새로운 형태의 사회적 관계를 형성한다. 예컨대 온라인 게임 속 NPC(Non-Player Character)는 과거 단순히 기능적 역할만 수행했지만, 오늘날에는 서사적 · 정서적 교류의 대상으로 발전하고 있다(정정현 · 유승호, 2017). 이는 이용자가 비인간적 존재를 또 다른 사회적 파트너로 인식하게 만드는 과정이라 할 수 있다.

이러한 변화는 여가의 사회적 자본 형성을 새로운 차원으로 확장한다. 개인은 기술을 매개로 다른 사람들과 관계를 맺는 동시에, 가상 캐릭터와도 의미 있는 상호작용을 경험한다(정동훈, 2025). 메타버스 기반 모임이나 게임 커뮤니티에서는 아바타와의 협력이 사회적 유대감을 강화하는 촉매제가 되기도 한다. 이는 사회적 관계망이 단순히 인간 대 인간의 교류에서 벗어나, 인간-기술-가상 존재가 얽힌 복합적 관계망으로 재편되고 있음을 보여준다.

하지만 이러한 전환은 양면성을 지닌다. 긍정적으로는 새로운 관계 자원이 늘어나면서 사회적 참여와 소속감을 확장한다. 그러나 부정적으로는 인간관계의 심도와 질이 약화되고, 실제 공동체와의 연결이 줄어들 수 있다는 우려가 제기된다. Putnam(2000)이 지적한 사회적 자본의 약화 현상은 기술 매개적 관계에서도 반복될 수 있다. 실제 공동체에 대한 참여가 줄고, 대신 가상공간의 피상적 관계에 의존할 경우, 여가는 사회적 자본 축적의 장이 아니라 고립적 소비의 장으로 전락할 위험이 있다.

가상 캐릭터와 디지털 휴먼은 여가의 사회적 상호작용 방식을 다층적으로 확장하며, 새로운 네트워크를 형성할 기회를 제공한다. 그러나 동시에 이러한 관계가 실제 공동체적 연대와 균형을 이루지 못한다면, 여가의 사회적 기능은 약화될 수 있다. 따라서 여가 연구는 기술 매개적 상호작용이 사회적 자본 축적과 공동체적 연대에 어떤 영향을 미치는지를 면밀히 검토하고, 건강한 관계 문화를 조성할 수 있는 제도적·문화적 전략을 모색해야 한다.

문화적 전환과 여가의 재구성

AI 기반 상호작용은 여가 문화를 근본적으로 전환하고 있다. 디지털 아이돌이나 가상 인플루언서는 팬덤 문화 속에서 실제 인물과 유사한 영향력을 행사하며, 이는 문화적 소비와 참여 방식을 변화시킨다. 일본의 가상 아이돌 하츠네 미쿠는 수백만 명의 팬덤을 형성해 공연 · 굿즈 · 온라인 커뮤니티를 중심으로 독자적인 문화 영역을 만들어 냈으며(Hayashi, 2021), 한국에서도 이세계 아이돌이나 가상 인플루언서 로지(Rozy)가 실제 광고와 방송에서 활동하며 대중문화의 일부로 자리매김했다. 이러한 사례는 여가가 물리적 만남 중심에서 기술 매개적 상호작용으로 확장되고 있음을 보여준다.

또한 가상 공연이나 온라인 팬미팅은 팬들에게 시간과 장소의 제약을 넘어서는 새로운 참여 기회를 제공한다. 팬들은 물리적으로 같은 공간에 있지 않더라도, 디지털 무대에서 공동의 경험을 공유하며 새로운 형태의 집단적 정체성을 형성한다. 이는 여가가 단순한 개별적 오락을 넘어, 기술을 통해 공동체적 체험과 사회적 연대를 새롭게 구축하는 과정임을 시사한다.

그러나 상업화된 가상 관계는 인간적 경험을 도구화하거나 여가를 단순 소비 행위로 축소할 수 있다는 한계도 지닌다. 팬덤은 때로는 기업의 전략적 기획에 의해 형성 · 관리되며, 이용자는 자발적 참여자이자 동시에 상품 소비자로서 기능한다(강신규, 2022). 이 과정에서 여가의 창의성과 자율성은 약화될 수 있으며, 이용자가 가상 캐릭터에 과도하게 동일시할 경우 정체성 혼란이나 현실 사회와의 괴리가 심화될 가능성도 있다(이지영., 2021; Daniel et al., 2020).

결국 AI와 디지털 캐릭터를 중심으로 한 문화적 전환은 여가를 새로운 창조적 · 참여적 경험의 장으로 확장하는 동시에, 상업화와 정체성 왜곡이라는 도전을 동반한다. 따라서 여가 연구는 이러한 문화적 변화가 개인의 정체성, 사회적 연대, 문화 산업 구조에 어떤 영향을 미치는지를 지속적으로 분석해야 하며, 균형 있는 발전을 위한 정책적 · 윤리적 논의가 필요하다.

기술 매개 여가 관계의 미래와 과제

AI 챗봇, 가상 캐릭터, 디지털 휴먼은 여가 속 관계와 소통의 방식을 새롭게 정의하고 있다. 이들은 감정적 친밀성과 사회적 상호작용을 확장하며, 고립된 상황에서도 정서적 안정과 소속감을 제공하는 긍정적 역할을 수행한다. 동시에 이러한 기술은 가상 아이돌과 인플루언서,

메타버스 기반 공동체와 같은 새로운 문화적 현상을 만들어 내며, 여가의 지평을 크게 넓히고 있다.

그러나 이러한 변화는 현실 인간관계의 약화, 상업화에 따른 자율성 침해, 그리고 정체성 혼란과 같은 문제를 동반한다. 가상적 친밀성이 실제 관계를 대체하거나 왜곡할 경우, 여가의 사회적 자본 축적 기능은 약화될 수 있다. 또한 기업이 기획하고 관리하는 가상 관계는 이용자의 참여를 소비 중심으로 제한할 위험이 있다.

따라서 AI 기반 여가는 단순한 기술적 경험을 넘어, 인간적 가치와 사회적 균형 속에서 재구성되어야 한다. 여가 연구는 이러한 기술 매개 관계가 개인의 만족과 사회적 연대를 동시에 실현할 수 있도록 그 가능성과 위험을 균형 있게 검토해야 한다. 더 나아가 정책적으로는 개인정보 보호, 청소년 디지털 시민성 교육, 가상공간 내 윤리적 규범 마련과 같은 장치가 필요하다.

결국 미래의 여가는 인간과 기술이 상호 보완적으로 관계를 재구성할 때 더욱 건강하고 의미 있게 발전할 수 있다. 기술은 도구일 뿐이며, 이를 어떻게 활용하느냐에 따라 여가는 자기 돌봄, 공동체 연대, 창의적 문화 생산의 장으로 거듭날 수도, 혹은 상업화된 소비 공간으로 축소될 수도 있다. 따라서 학계와 사회는 이러한 전환의 양면성을 깊이 인식하고, 여가의 본래적 가치인 자유 · 창의 · 연대를 강화하는 방향으로 제도적 · 문화적 대응을 마련해야 한다.

참고문헌

강신규(2022). "커뮤니케이션을 소비하는 팬덤: 아이돌 팬 플랫폼과 팬덤의 재구성". 《한국언론학보》, 66(5), 5~56쪽.

양나은 외(2025). "디지털 정신 건강 챗봇의 사용자 경험과 개선 방향: 텍스트 마이닝을 통한 인터랙션 비교 분석". 《한국콘텐츠학회논문지》, 25(1), 74~87쪽.

이지영(2021). "'집단 지성'과 그 저항적 역할을 통해 형성되는 팬덤 정체성: 방탄소년단 아미를 중심으로". 《인문콘텐츠》, 63, 171~188쪽.

정동훈(2025). "생성형 AI 파워드 메타버스: 사용자 중심 경험과 사회· 기술적 상호작용의 진화와 혁신". 《정보화정책》, 32(1), 3~26쪽.

정정현·유승호(2017). "온라인 FPS 게임에서의 협력 메커니즘에 대한 연구: 호혜성 관점을 중심으로". 《사이버커뮤니케이션학보》, 34(1), 49~106쪽.

Daniel, E. S. Jr. et al.(2020). Is the News Cycle "Real"?: A Case Study of Media "Phandom" and Agenda Setting in Persona 5. In R. Dunn, R. (ed.). *Multidisciplinary perspectives on media fandom*, pp.270~286. IGI Global Scientific Publishing.

Hayashi, K.(2021). Holograms and idols: The image of God and artificial transcendence in the cultural phenomenon of the Japanese vocaloid Hatsune Miku. In Anderson, W. H. U.(ed.). *Technology and Theology*, pp.263~286. Vernon

Press.

Ho, A. et al.(2018). Psychological, relational, and emotional effects of self-disclosure after conversations with a chatbot. *Journal of Communication, 68*(4), pp.712~733.

Naude, W.(2020). Artificial intelligence vs COVID-19: limitations, constraints and pitfalls. *AI & Society, 35*(3), pp.761~765.

Putnam, R. D.(2000). *Bowling alone: The collapse and revival of American community*. Simon & Schuster.

07
여가 노동과 창작자 경제

디지털 플랫폼의 확산은 개인의 여가 활동을 노동과 수익 창출의 장으로 전환했다. 유튜브, 트위치, 인스타그램, 틱톡과 같은 플랫폼은 취미와 놀이로 시작된 활동을 경제적 가치와 연결하며, 크리에이터 경제라는 새로운 생태계를 형성하고 있다. 따라서 여가와 노동의 경계가 흐려지는 현상을 살펴보고, 자율성과 피로라는 이중적 측면을 중심으로 디지털 여가의 노동화를 분석한다.

AI와 애니메이션?

여가와 노동의 경계 해체

전통적으로 여가는 비생산적 활동, 노동은 생산적 활동으로 명확히 구분되었다. 그러나 크리에이터 경제의 부상은 이러한 이분법을 점점 더 모호하게 만들고 있다. 게임 방송, 브이로그 제작, 여행 콘텐츠와 같은 활동은 개인적 즐거움에서 출발하지만, 플랫폼의 구조 속에서 곧바로 경제적 가치와 결합된다. 구독자 수, 광고 수익, 후원, 협찬은 단순한 취미 활동을 노동의 성격을 가진 수익 활동으로 전환한다(Banks & Cunningham, 2016).

특히 유튜브, 틱톡, 인스타그램과 같은 글로벌 플랫폼은 이러한 경계 해체를 제도화하고 있다. 일정한 조건(예: 구독자 수, 조회 수)을 충족하면 창작자는 공식적으로 광고 수익을 배분받거나, 브랜드와의 협업을 통해 직접적인 수익을 얻게 된다. 이 과정에서 여가는 더 이상 '남는 시간의 활동'이 아니라 성과와 경쟁이 뒤따르는 경제적 행위로 구조화된다.

또한 알고리즘은 개인의 여가를 노동으로 편입시키는 중요한 매개체로 기능한다. 플랫폼은 이용자가 올린 콘텐츠의 노출 빈도와 추천 여부를 결정하며, 이는 크리에이터가 생계나 성과를 위해 콘텐츠를 지속적으로 생산하도록 압박한다. 결과적으로 취미의 성격이 강했던 여가는 점차 '성과를 요구하는 일'로 변모하고, 이는 디지털 시대의 새로운 노동 형태를 보여준다.

여가학적 관점에서 이러한 변화는 중요한 함의를 지닌다. 여가는 더 이상 노동과 분리된 독립적 영역으로 보기 어렵고, 사회적 · 경제적 구조와 긴밀히 얽힌 복합적 개념으로 재해석되어야 한다. 특히 여가의 노동화는 개인의 삶에서 자율성과 성취를 동시에 가능케 하지만, 반대로 자유와 회복이라는 여가의 본질적 가치를 약화할 위험도 내포한다.

자율성과 자기실현의 기회

크리에이터 경제는 개인에게 전례 없는 자율성과 자기실현의 기회를 제공한다(오혜라 · 정윤재, 2021). 누구나 자신의 취미, 특기, 창의성을 기반으로 콘텐츠를 제작하고, 디지털 플랫폼을 통해 이를 전 세계와 공유할 수 있다. 과거 전문가와 기관이 독점하던 창작 영역이 대중에게 개방되면서, 여가는 단순한 소비의 시간이 아니라 창작과 표현의 무대로 확장되었다.

예를 들어, 한 개인이 게임을 즐기며 스트리밍 방송을 하거나, 일상적 경험을 브이로그 형태로 기록하고 공유하는 행위는 더 이상 단순한 개인적 취미에 머물지 않는다. 이러한 활동은 구독자와의 소통을 통해 사회적 인정과 지지를 얻고, 나아가 광고 · 후원 · 협찬을 통한 경제적 보상으로 이어진다. 즉, 여가는 자기표현과 경제적 성취가 결합된 복합적 경험으로 전환된다.

심리학적 관점에서 이는 자아실현의 차원을 확장한다. 개인은 창작 활동을 통해 자신이 가진 재능을 발휘하고, 그 결과물에 대해 사회적 피드백을 받으며 정체성을 강화한다(임명빈 · 김수정, 2018). 매슬로(Maslow, 1943)의 욕구 단계 이론에서 최상위 욕구인 자아실현이 디지털 여가를 통해 일상적으로 구현되는 셈이다. 또한 크리에이터 활동은 몰입(flow)의 경험을 유발하여 여가 만족도를 높이고 자기 성취감을 극대화한다(Csikszentmihalyi, 2000).

특히 e스포츠 게이머, 유튜브 크리에이터, 틱톡 인플루언서는 자신이 즐기는 활동을 직업으로 전환함으로써, 여가와 노동의 경계에서 새로운 정체성을 형성한다(Seo, 2013). 이는 여가가 단순한 탈일상적 활동이 아니라, 사회적 자본과 경제적 자원을 동시에 축적하는 수단임을 보여준다.

그러나 이러한 자율성은 언제나 보장되는 것은 아니다. 플랫폼의 알고리즘과 수익 구조가 크리에이터의 활동 방향을 규정하기 때문에, 자율적 창작은 때로는 시장의 요구에 종속된다. 그럼에도 불구하고 여가의 창작적 · 자기실현적 잠재력은 크리에이터 경제 속에서 더욱 두드러지고 있으며, 이는 여가학 연구에서 중요한 분석 과제로 자리 잡고 있다.

성과 압박 속 여가의 소진

여가의 노동화는 새로운 피로와 소진을 낳는다(임미진 · 성승연, 2024). 크리에이터는 끊임없이 콘텐츠를 기획 · 제작해야 하고, 플랫폼의 알고리즘이 요구하는 업로드 주기와 트렌드 변화에 민감하게 반응해야 한다. 이 과정에서 자율성은 시장 논리에 의해 제약되고, 여가는 노동으로 전환되며 스트레스와 압박을 수반한다(Gregg, 2013).

특히 구독자 수, 조회 수, 알고리즘 노출 여부가 수익을 좌우하기 때문에, 크리에이터는 끊임없는 자기 관리와 경쟁에 몰린다. 단순한 취미 활동이 '성과 압박'으로 변질되면서, 여가는 본래의 회복 기능을 상실할 위험에 처한다. 연구에 따르면 이러한 압박은 번아웃(burnout)과 정신적 피로를 가속화하며, 오히려 여가를 피로의 원천으로 만들 수 있다(Maslach & Leiter, 2016).

또한 온라인 여가 노동은 전통적 노동과 달리 '항상 연결된 상태(always-on culture)'를 요구한다. 크리에이터는 댓글 · 메시지 · 실시간 스트리밍을 통해 지속적으로 구독자와 상호작용해야 하고, 이는 사적 공간과 시간의 경계를 허물어버린다. 결국 여가는 오히려 일과 삶의 균형을 해체하고 개인을 상시적 노동의 상태에 놓이게 한다.

종합하면, 디지털 여가 노동은 창작자에게 성취감을 주지만 동시에 새로운 피로와 소진을 낳는다. 따라서 여가 연구는 여가가 본래 지니던 회복적 기능을 어떻게 회복할 수 있을지, 그리고 디지털 플랫폼 환경에서 개인의 자기 돌봄과 사회적 보호 장치를 어떻게 마련할 것인지를 중요한 과제로 삼아야 한다.

디지털 여가 노동의 사회적 함의

여가의 노동화는 개인의 삶뿐 아니라 사회 전반에도 중요한 함의를 지닌다. 첫째, 노동과 여가의 전통적 구분이 무너짐에 따라 사회 제도와 정책은 새로운 기준을 요구받는다. 기존의 노동법이나 복지 제도는 명확히 구분된 근로시간과 휴식 시간을 전제로 하지만, 크리에이터 경제 속에서는 일과 여가가 혼재되어 있어 제도적 공백이 발생한다. 따라서 새로운 형태의 노동 규정과 복지 안전망이 필요하다.

둘째, 크리에이터 경제는 새로운 일자리와 산업을 창출하는 긍정적 효과를 가진다. 플랫폼 기반의 수익 구조는 개인의 창의성을 경제적 가치로 전환하며, 이는 콘텐츠 산업, 광고, 전자상거래와 결합해 국가 경제에도 기여한다. 그러나 동시에 플랫폼 종속성이 심화되면서 크리에이터들은 불안정 노동에 직면한다. 알고리즘에 따라 노출 여부가 달라지고, 플랫폼 규정이 바뀌면 수익 구조 자체가 무너질 수 있기 때문이다.

셋째, 여가 노동은 사회적 불평등을 심화시킬 가능성이 있다. 일부 성공한 크리에이터는 막대한 수익과 사회적 명성을 누리지만, 다수는 낮은 수익과 불안정한 위치에 머문다. 즉, 겉으로는 누구에게나 열려 있는 시장처럼 보이지만, 실제로는 상위 소수만이 혜택을 집중적으로 누리는 불균형 구조가 형성된다. 이는 여가의 민주화를 약속했던 디지털 플랫폼이 오히려 새로운 형태의 격차를 재생산하는 모순을 보여준다.

넷째, 사회 문화적 차원에서 여가 노동은 개인의 자율성과 창의성을 강조하지만, 동시에 시장 논리에 종속되는 자기계발 압박을 강화할 수 있다. 여가는 자유로운 선택과 즐거움의 영역이어야 하지만, 크리에이터 경제 속에서는 끊임없는 생산성과 성과를 요구받는 노동의 성격을 띤다. 이러한 모순은 개인의 심리적 부담을 키우며, 사회적으로도 새로운 형태의 노동 윤리와 규범을 요구한다.

결과적으로 디지털 여가 노동은 산업적 · 문화적 측면에서 기회를 제공하지만, 동시에 제도적 공백, 불평등, 플랫폼 종속이라는 문제를 동반한다. 따라서 여가 연구는 이중적 함의를 면밀히 분석해야 하며, 정책적으로는 공정한 보상 체계, 창작자 권익 보호, 플랫폼 책임 강화가 필요하다. 이를 통해 여가 노동은 단순히 시장에 흡수되는 것이 아니라, 개인의 삶의 질과 사회적 연대를 함께 강화하는 방향으로 발전할 수 있을 것이다.

여가 노동과 크리에이터 경제의 양면성

크리에이터 경제는 여가와 노동의 경계를 흐리게 만들며, 개인적 즐거움에서 출발한 활동을 경제적 가치와 직업적 활동으로 전환하고 있다. 이는 여가가 단순한 휴식이 아니라 생산과 창의의 장으로 확장되고 있음을 보여준다. 개인은 크리에이터 활동을 통해 자기표현과 성취를 경험하고, 사회적 인정과 경제적 보상을 동시에 얻을 수 있으며, 이는 여가의 민주화와 창의성 확장의 긍정적 효과를 보여준다.

그러나 동시에 크리에이터 경제는 성과 압박, 플랫폼 종속, 불안정한 수익 구조를 동반하며 피로와 소진이라는 부정적 결과를 낳는다. 일부 성공한 소수가 막대한 보상과 명성을 얻는 반면, 다수의 창작자는 낮은 수익과 불안정한 위치에 머물며 격차가 확대되고, 여가의 본질적 가치인 자유와 회복은 훼손될 위험에 직면한다. 이러한 양면성은 여가 연구와 정책의 중요한 과제를 제시한다.

앞으로는 크리에이터의 권익 보호, 공정한 보상 체계 확립, 플랫폼 책임 강화가 필요하며, 개인 차원에서는 디지털 리터러시와 자기 돌봄 전략을 강화해야 한다. 학문적으로도 여가 노동 현상을 기존의 노동-여가 이분법을 넘어서는 새로운 개념틀 속에서 분석할 필요가 있다. 결국 크리에이터 경제 속에서 여가는 자유와 성취의 기회이자 동시에 피로와 불평등을 낳는 도전적 공간이며, 미래의 여가는 인간적 가치와 기술적 조건이 균형을 이루는 가운데 창의성과 연대의 자원으로 발전할 수 있을 것이다.

참고문헌

오혜라·정윤재(2021). "왜 소비자는 SNS 에서 콘텐츠를 만들고 타인과 공유하는가?: 유튜브 크리에이터로서 소비자의 자의식과 자기 결정성에 관한 연구". 《광고학연구》, 32(5), 7~39쪽.

임명빈·김수정(2018). "인터넷 개인방송 BJ의 셀프 브랜딩 실천과 친밀성의 구성". 《사회과학연구》, 29(3), 105~130쪽.

임미진·성승연(2024). "노동운동가의 소진 경험에 대한 연구". 《시민과세계》, 45, 319~351쪽.

Banks, J. & Cunningham, S.(2016). Creative destruction in the Australian videogames industry. *Media International Australia, 160*(1), pp.127~139.

Csikszentmihalyi, M.(2000). Happiness, flow, and economic equality. *American Psychologist, 55*(10), pp.1163~1164.

Gregg, M.(2013). *Work's intimacy.* John Wiley & Sons.

Maslach, C. & Leiter, M. P.(2016). Burnout. *Stress: Concepts, cognition, emotion, and behavior*, pp.351~357. Academic Press.

Maslow, A. H.(1943). A theory of human motivation. *Psychological review, 50*(4), pp.370~396.

Putnam, R. D.(2000). *Bowling alone: The collapse and revival of American community.* Simon & Schuster.

Seo, Y.(2013). Electronic sports: A new marketing landscape of the experience economy. *Journal of Marketing Management, 29*(13-14), pp.1542~1560.

08
세대별 여가 격차

AI 기술이 여가에 깊숙이 스며들면서, 세대별 격차는 더욱 분명하게 드러나고 있다. 디지털 기기에 친숙한 세대와 그렇지 못한 세대는 여가를 즐기는 방식에서 큰 차이를 보이며, 이는 단순한 기술 활용 능력을 넘어 사회적 · 문화적 갈등으로 이어진다. 세대 간 여가 격차가 디지털 소외, 기술 불평등, 문화적 충돌을 통해 어떻게 구체적으로 나타나는지를 살펴본다.

AI와 인재 채용?

디지털 소외와 세대 간 격차

AI 기반 여가는 디지털 기기와 플랫폼을 전제로 하기 때문에, 고령층은 젊은 세대에 비해 활용 능력에서 뚜렷한 차이를 보인다. 예컨대 젊은 세대는 유튜브, 넷플릭스, 스포티파이와 같은 스트리밍 플랫폼이나 AI 추천 시스템을 통해 음악 · 영상 · 게임을 즐기며, 여가 활동을 손쉽게 확장한다. 반면 고령층은 여전히 전통적 방송 매체, 오프라인 공연, 대면 활동과 같은 방식에 의존하는 경우가 많다. 이러한 차이는 단순한 취향의 문제가 아니라, 여가 기회의 불균등으로 이어진다. 디지털 소외 현상은 결과적으로 사회적 참여 기회를 제한하고, 세대 간 문화적 단절을 심화시키는 요인으로 작용한다(Selwyn, 2004).

특히 '디지털 네이티브'로 불리는 젊은 세대는 기술을 자연스럽게 삶과 여가 속에 통합하는 반면, 노년층은 기술을 새롭게 학습해야 하는 '디지털 이주민(digital immigrants)'으로서 지속적인 어려움을 겪는다(Prensky, 2001). 이는 여가를 향유하는 태도에서도 차이를 낳는다. 젊은 세대는 새로운 앱이나 AI 서비스를 실험적이고 적극적으로 활용하지만, 노년층은 기술적 장벽으로 인해 여가 활동을 제한적으로 경험하게 된다.

또한 디지털 소외는 단순히 개인적 불편을 넘어 사회적 불평등과 직결된다. 기술 기반 여가는 단순한 오락이 아니라 사회적 교류, 문화적 참여, 심지어 경제적 기회와도 연결된다(박주연, 2022). 따라서 기술을 활용할 수 없는 세대는 점차 사회적 자본 형성에서 배제될 위험에 놓인다. 이는 사회 통합의 문제로 이어지며, 세대 간 상호 이해와 연대에 부정적 영향을 미칠 수 있다.

디지털 소외는 AI 시대 여가의 가장 큰 세대별 격차 중 하나로, 단순히 기술 숙련도의 차이가 아니라 사회적 참여와 문화적 기회에 대한 접근성 불평등을 의미한다(이호영 · 서우석, 2010). 따라서 여가 연구와 정책은 고령층의 디지털 역량 강화를 중요한 과제로 삼아야 하며, 교육 프로그램과 포용적 기술 설계를 통해 세대 간 격차를 줄이는 노력이 필요하다.

기술 불평등과 이용 역량의 차이

세대별 여가 격차는 단순한 취향 차이가 아니라, 기술 접근성과 이용 역량의 차이에서 본격적으로 드러난다. Z세대와 밀레니얼 세대는 스마트폰, AI 스피커, 챗봇, 스트리밍 플랫폼 등 새로운 기술을 자연스럽게 활용하며 여가를 확장하지만, 베이비붐 세대와 노년층은 이러한 기술에 익숙하지 않거나 학습 과정에서 부담과 거부감을 경험한다. 예를 들어, 젊은 세대는 음악 감상에서 스포티파이의 맞춤형 추천을 적극 활용하지만, 고령층은 여전히 라디오나 CD와 같은 전통적 매체를 선호한다. 이러한 차이는 여가 활동의 접근성과 몰입 경험에서 뚜렷한 격차를 형성한다.

디지털 리터러시 수준이 높은 세대일수록 여가 만족도와 창의적 참여도가 높게 나타난다(Helsper & Reisdorf, 2017). 이는 단순히 기술 숙련도의 차이를 넘어, 기술을 활용한 여가 활동이 개인의 사회적 자본 형성과 정체성 구축에도 직접적으로 연결된다는 점을 보여준다. 즉, 기술을 능숙하게 활용하는 세대는 새로운 문화적 자원을 축적하고 사회적 관계망을 확장할 수 있지만, 그렇지 못한 세대는 점차 배제되어 사회 문화적 불평등을 경험하게 된다.

특히 AI 기반 여가 서비스는 이용자의 태도와 학습 의지에 따라 격차를 더욱 심화시킨다. 젊은 세대는 새로운 기능과 서비스를 실험적으로 수용하는 데 적극적이지만, 고령층은 익숙하지 않은 인터페이스와 빠른 변화 속도에 부담을 느끼며 접근을 주저한다. 이러한 태도의 차이는 개인적 불편을 넘어 여가의 접근성과 기회의 불평등을 제도적으로 굳히는 요인으로 작용한다.

또한, 세대별 기술 역량 차이는 문화적 소통에도 직접적인 영향을 미친다. 젊은 세대는 AI 기반 게임, 메타버스, 디지털 아트 등 새로운 여가 문화를 공유하며 공동체적 경험을 쌓지만, 고령층은 이러한 대화에 참여하지 못해 문화적 단절을 경험한다(김담이 외, 2024). 이는 가족 내 세대 간 대화의 단절로 이어지고, 사회 전반적으로 세대 간 상호 이해 부족을 심화시킨다. 나아가 공적 담론의 장에서도 세대 간 의견 교류가 줄어들어, 기술을 둘러싼 가치관 차이가 사회적 갈등으로 확대될 위험이 있다.

결국 기술 불평등은 단순한 디지털 격차 문제가 아니라, 여가의 질과 의미, 그리고 세대 간 관계망의 구조까지 좌우하는 핵심 요인이다. 따라서 여가 연구와 정책은 단순한 교육 차원을 넘어, 고령층의 디지털 역량 강화를 위한 맞춤형 프로그램과 지속적인 학습 지원 체계를 마련하는 데에 이르러야 한다. 동시에 세대 간 공동 체험 기회를 확대하여 상호 이해를 높이고, 누구나 쉽게 접근할 수 있는 포용적이고 직관적인 인터페이스 설계를 추진해야 한다. 이를 통해 기술 기반 여가가 특정 세대의 특권이 아니라, 모든 세대가 공유할 수 있는 공통의 문화적 자원으로 발전할 수 있을 것이다.

문화적 갈등과 세대 간 인식 차이

AI 기반 여가는 세대 간 문화적 인식 차이를 더욱 선명하게 드러낸다. 젊은 세대는 메타버스, 가상 아이돌, 스트리밍 플랫폼을 여가의 중심으로 받아들이며, 새로운 디지털 환경에서 자신들의 정체성과 공동체를 형성한다. 반면, 기성세대는 이러한 활동을 낯설고 피상적인 것으로 인식하며, 전통적 가치와 생활양식에 비추어 비판적 태도를 보인다. 예를 들어 부모 세대는 게임이나 가상공간 활동을 '시간 낭비' 혹은 '현실 회피'로 간주하는 반면, 청년 세대는 이를 사회적 교류와 창의적 표현의 장으로 경험한다.

이 같은 인식 차이는 가족 내부의 갈등으로 나타나기도 한다. 청소년은 게임이나 온라인 커뮤니티를 통해 또래 집단과 소속감을 형성하지만, 부모 세대는 오히려 학업 방해와 사회적 고립을 우려한다(김진웅 외, 2020). 이러한 태도의 불일치는 단순한 개인적 갈등을 넘어 세대 간 가치관 차이를 반영하며, 여가의 의미를 정의하는 방식 자체에서 충돌을 빚는다. 잉글하트(Inglehart, 2020)가 지적했듯, 후기 산업사회에서는 전통적 생존에서 개인적 자율성과 표현으로 가치의 이행이 이루어지는데, 젊은 세대와 기성세대의 여가 인식 차이는 이러한 문화적 전환의 맥락 속에서 이해될 수 있다.

또한 문화적 갈등은 세대 간 사회적 교류에도 영향을 미친다. 젊은 세대가 메타버스 공연이나 디지털 아트, 가상 아이돌 팬덤을 여가로 즐기는 동안, 기성세대는 이러한 문화적 흐름에 접근하지 못하거나 이를 진지한 여가로 인정하지 않는다. 이로 인해 공통의 대화 소재가 줄어들고, 세대 간 소통이 점차 단절되는 현상이 발생한다. 나아가 사회 전체적으로도 디지털 기반 여가를 중심으로 한 세대 문화와 전통적 여가 문화를 지향하는 세대 문화가 병존하면서, 서로 다른 문화적 세계가 평행선처럼 공존하게 된다.

이러한 인식 차이는 정책적 차원에서도 중요한 과제를 제시한다. 젊은 세대의 여가가 디지털 중심으로 이동함에 따라, 공공 여가 정책이나 문화 지원 사업이 특정 세대의 문화적 선호를 중심으로 설계될 위험이 있다. 반대로 기성세대의 요구만을 반영할 경우, 디지털 세대의 여가 문화는 주변부로 밀려날 수 있다. 따라서 세대 간 문화적 갈등을 완화하기 위해서는, 세대별 여가 문화를 상호 존중하고 교류할 수 있는 프로그램과 정책적 설계가 필요하다.

결국 AI 기반 여가를 둘러싼 문화적 갈등은 단순히 취향의 문제가 아니라, 사회적 가치관과 세대 간 정체성이 충돌하는 지점에서 발생한다. 여가 연구는 이러한 갈등을 사회적 분열로만 이해하는 데 그치지 않고, 세대 간 상호 이해와 문화 교류의 기회로 전환할 수 있는 가능성을 적극적으로 탐구해야 한다. 특히 다양한 세대가 디지털과 전통적 여가 방식을 공유하고 경험할 수 있는 장을 마련한다면, 세대 간의 차이는 단절이 아닌 학습과 교류의 자원이 될 수 있다. 이러한 접근은 여가가 세대별 차이를 조율하는 사회적 플랫폼으로 기능할 수 있음을 보여준다. 따라서 여가 정책은 단순한 기술 격차 해소를 넘어, 세대별 여가 문화를 하나의 다양성으로 수용하고 존중하면서도, 공동체적 연대와 상호 이해를 강화할 수 있는 방향으로 나아가야 한다.

세대별 여가 격차와 사회적 포용의 과제

AI 시대의 여가는 세대 간 격차를 더욱 뚜렷하게 드러내고 있으며, 디지털 소외, 기술 불평등, 문화적 갈등이라는 다층적 문제를 동반한다(Yang, 2023). 젊은 세대는 디지털 플랫폼과 AI 기반 기술을 적극적으로 활용하면서 새로운 여가 문화를 창출하는 반면, 고령층은 이러한 변화에 소극적으로 대응하거나 배제되면서 여가 기회와 만족도의 불균형을 경험한다. 이 과정에서 세대 간의 물리적 거리는 줄어들었지만, 디지털 격차로 인한 심리적 · 문화적 거리는 오히려 확대되고 있다.

세대별 여가 격차는 단순히 기술 숙련도의 문제를 넘어 사회적 참여와 문화적 자원의 접근성에 직결된다. 디지털 기기를 능숙하게 다루는 세대는 새로운 형태의 공동체를 형성하고 사회적 자본을 축적할 수 있지만, 그렇지 못한 세대는 점차 소외되어 문화적 단절과 사회적 고립을 경험할 위험이 크다. 이는 가족 내부에서의 세대 갈등, 나아가 사회 전체의 문화적 양극화를 심화시키는 요인이 된다. 특히 청년 세대가 메타버스와 가상 아이돌 팬덤 문화를 통해 새로운 정체성을 구축하는 반면, 기성세대가 이를 이해하지 못하는 현상은 세대 간 인식 차이를 압축적으로 보여준다.

그러나 이러한 격차는 반드시 부정적인 결과만을 의미하지 않는다. 오히려 여가 연구와 정책은 세대 간 차이를 새로운 교류와 학습의 자원으로 전환할 수 있다. 예컨대 청년 세대는 고령층에게 디지털 기술을 가르치며 상호 소통할 수 있고, 고령층은 전통적 여가와 공동체 경험을 공유함으로써 상호 보완적 관계를 형성할 수 있다. 세대 간 여가 교류 프로그램, 포용적 플랫폼 설계, 맞춤형 교육 프로그램은 이러한 전환을 촉진하는 중요한 수단이 될 수 있다.

정책적 차원에서는 단순한 디지털 교육을 넘어, 지속적인 학습 지원 체계와 세대 간 공동 경험의 기회를 제도적으로 마련하는 것이 필요하다. 또한 문화 정책은 특정 세대의 여가 문화만을 중심으로 설계하는 것이 아니라, 세대별 다양성을 존중하면서 교류를 촉진하는 방향으로 추진되어야 한다. 학문적으로도 여가 격차를 단순한 '디지털 디바이드'의 문제로 한정하기보다, 사회적 통합과 포용을 위한 중요한 과제로 확장적으로 이해할 필요가 있다.

결국 AI 시대의 여가는 세대 간 격차와 갈등을 드러내는 동시에, 상호 이해와 문화 교류를 통해 사회적 연대를 강화할 수 있는 잠재력을 가지고 있다. 미래의 여가는 기술적 접근성을 보장하고 세대별 문화적 다양성을 존중할 때, 비로소 공동체적 연대와 사회적 포용의 장으로 기능할 수 있을 것이다.

참고문헌

김담이 외(2024). "시니어의 거주지 기반 여가활동 증진을 위한 서비스 디자인 연구: 베이비부머 세대 중심으로".

《한국디자인문화학회지》, 30(4), 95~109쪽.
김진웅 외(2020). “청소년의 학업스트레스가 게임 과몰입에 미치는 영향: 부모-자녀 의사소통과 또래관계의 매개효과”. 《보건사회연구》, 40(3), 429~458쪽.
박주연(2022). “사회경제적 여건에 따른 문화여가활동 유형별 행복감 차이”. 《문화산업연구》, 22(2), 31~39쪽.
이호영·서우석(2010). “디지털 시대의 문화자본과 불평등”. 《문화정책논총》, 23, 69~95쪽.
Helsper, E. J. & Reisdorf, B. C.(2017). The emergence of a “digital underclass” in Great Britain and Sweden: Changing reasons for digital exclusion. *New Media & Society, 19*(8), pp.1253~1270.
Inglehart, R.(2020). *Modernization and postmodernization: Cultural, economic, and political change in 43 societies.* Princeton University Press.
Prensky, M.(2001). Digital Natives, Digital Immigrants. *On the horizon, 9*(5), pp.1~6.
Selwyn, N.(2004). Reconsidering political and popular understandings of the digital divide. *New Media & Society, 6*(3), pp.341~362.
Yang, Q.(2023). The Paradox of Leisure in the Age of AI: Impacts on Work, Inequality, and Well-being. *Advances in Education, Humanities and Social Science Research, 8*(1), pp.361~364.

09
여가 윤리와 디지털 권리

AI 기반 여가 서비스는 개인에게 맞춤형 경험과 편리함을 제공하는 동시에, 개인정보 침해, 알고리즘 편향, 중독 문제와 같은 심각한 윤리적 쟁점을 드러낸다. 이는 단순히 기술 발전의 부작용이 아니라, 여가를 누리는 시민의 권리와 직결되는 문제다. AI 중심 여가의 윤리적 문제들을 구체적으로 살펴보고, 이를 해결하기 위한 디지털 권리 담론을 논의한다.

AI와 기자?

개인정보 수집과 감시 자본주의

AI 기반 여가 서비스는 개인 맞춤형 경험을 제공하기 위해 방대한 데이터를 수집한다. 사용자의 시청 기록, 검색 이력, 위치 정보, 심지어 감정적 반응까지 플랫폼은 추적·분석하며, 이를 바탕으로 개인화된 추천을 제시한다. 그러나 자발적으로 동의했다고 하더라도, 실제로는 복잡한 이용 약관과 불투명한 데이터 활용 구조 속에서 이용자가 충분한 이해와 통제권을 보장받지 못하는 경우가 많다. 결국 개인은 여가를 즐기는 과정에서 자신의 개인정보를 끊임없이 노출하며, 이는 자유롭고 자율적인 여가 경험을 위협하는 요인으로 작용한다.

주보프(Zuboff, 2019)가 개념화한 '감시 자본주의'는 이러한 문제를 잘 보여준다. 플랫폼 기업은 단순히 개인 데이터를 수집하는 것을 넘어, 이를 분석·예측하여 상업적 이익을 극대화한다. 예컨대 넷플릭스나 유튜브는 이용자의 시청 패턴을 기반으로 차기 선호 콘텐츠를 예측해 추천할 뿐 아니라, 광고주에게 이를 판매해 수익을 창출한다. 이 과정에서 사용자는 자신의 데이터가 어떤 방식으로 활용되는지 제대로 알지 못하며, 여가는 감시와 상업화가 결합된 구조 속에 포섭된다.

이러한 데이터 수집은 단순한 프라이버시 침해 차원

을 넘어 여가 자체의 성격을 변화시킨다. 과거 여가는 자유롭게 선택하는 개인적 시간으로 여겨졌으나, 오늘날에는 플랫폼이 설계한 추천 경로에 따라 움직이는 활동으로 변질될 수 있다. 다시 말해, 사용자가 '자율적으로 선택한다'고 느끼는 순간조차 사실은 알고리즘이 이끄는 결과일 가능성이 높다. 이는 여가의 본질적 가치인 자유와 자율성을 약화하며, 장기적으로는 개인의 취향 형성 과정조차 기업의 이해관계에 종속시킬 위험이 있다.

사회적으로도 이러한 구조는 불평등을 심화시킨다. 디지털 역량이 부족한 세대나 계층은 데이터 수집 과정에서 더 취약한 위치에 놓이며, 자신의 권리를 보호하기 어렵다. 반면 플랫폼은 이를 활용해 더 정교한 맞춤형 광고와 소비 유도를 강화한다. 결과적으로 여가는 더 이상 순수한 자유 활동이 아니라 감시와 통제, 그리고 소비주의적 압박이 결합된 복합적 경험으로 전환된다.

AI 기반 여가 서비스에서의 개인정보 수집 문제는 단순한 기술적 부작용이 아니라 여가의 본질적 의미를 위협하는 구조적 문제다. 따라서 여가 연구는 감시 자본주의의 작동 방식을 비판적으로 분석해야 하며, 정책적으로는 데이터 주권(data sovereignty)과 투명성 확보를 위한 제도적 장치를 마련할 필요가 있다. 이를 통해 여가는 비로소 감시가 아닌 자유의 장으로 회복될 수 있을 것이다.

알고리즘 편향과 선택의 왜곡

AI 추천 시스템은 효율성과 편리함을 제공하지만, 동시에 심각한 편향을 내포한다. 이용자는 방대한 선택지를 탐색하는 수고를 덜고 원하는 콘텐츠에 쉽게 접근할 수 있지만, 이 과정에서 노출되는 정보는 알고리즘의 설계 의도와 기업의 상업적 이해관계에 따라 제한된다. 특정 장르나 주제가 과도하게 추천되거나, 반대로 소수 집단의 콘텐츠가 배제되는 경우, 여가 활동은 '다양성의 경험'이 아니라 '편향된 소비'로 축소된다. 부허(Bucher, 2018)가 지적했듯, 알고리즘은 단순한 기술이 아니라 정치적 · 사회적 권력이 작동하는 도구다.

이러한 문제는 실제 사례로도 확인된다. 유튜브는 이용자의 시청 시간을 극대화하기 위해 점차 강한 자극을 주는 영상들을 추천하는 경향을 보여 왔으며, 이 과정에서 극단주의 콘텐츠나 음모론이 빠르게 확산되었다는 비판을 받았다(Tufekci, 2018). 이는 여가가 개인적 즐거움과 자율적 선택의 시간이 아니라, 알고리즘이 설계한 경로를 따라가는 '수동적 경험'으로 변질될 위험성을 보여준다.

또한 알고리즘 편향은 사회적 불평등을 재생산한다(김주현, 2023). 데이터 학습 과정에서 특정 집단의 행동 패턴이 과소 대표되면, 그 집단은 여가 서비스에서도 소외될 수 있다. 예를 들어, 비주류 문화나 소수 언어권 이용자의 콘텐츠는 글로벌 플랫폼에서 낮은 가시성을 갖게 되고, 결과적으로 여가 기회의 불평등이 심화된다. 이는 여가의 본질인 다양성과 창의성을 훼손할 뿐 아니라, 문화적 표현의 평등성을 위협한다.

한편, 알고리즘은 '선택의 자유'를 제공하는 듯 보이지만 실제로는 이용자의 행동을 예측하고 유도하는 역할을 한다. 사용자가 클릭한 이력에 따라 새로운 제안이 끊임없이 반복되면, 이용자는 자신이 스스로 선택한다고 생각하면서도 실제로는 제한된 옵션 속에서 움직이게 된다. 이는 파리저(Pariser, 2011)가 지적한 '필터 버블(filter bubble)' 현상과도 맞닿아 있으며, 여가가 타인의 경험과 교류하는 장이 아니라 점점 더 폐쇄적이고 균질화된 공간으로 변할 수 있음을 시사한다.

결국 알고리즘 편향과 선택의 왜곡 문제는 여가를 단순히 기술적 서비스 차원에서 이해할 수 없음을 보여준다. 여가는 다양성과 자율성을 기반으로 할 때 창의성과 풍요로움을 실현할 수 있다. 따라서 플랫폼은 알고리즘의 투명성을 확보하고, 이용자가 왜 특정 추천을 받는지 이해할 수 있도록 설명 가능성을 보장해야 한다. 동시에 사회는 알고리즘 편향이 문화적 불평등을 재생산하지 않도록 제도적 감시와 규제를 강화할 필요가 있다. 이러한 노력이 병행될 때, 여가는 비로소 자유롭고 창조적인 활동으로 남을 수 있을 것이다.

중독과 자율성의 상실

AI 기반 여가 서비스는 이용자의 몰입을 극대화하도록 설계된다. 자동 재생 기능, 무한 스크롤, 맞춤형 알림은 사용자가 원래 계획했던 시간보다 더 오래 플랫폼에 머물도록 유도한다. 이로 인해 여가는 본래의 회복적 기능을 상실하고, 오히려 중독과 피로의 원천으로 변질될 수 있다(Eikelboom, 2017). 단순한 여가가 즐거움과 자유의 경험에서 벗어나, 플랫폼 기업의 경제적 이익을 위한 '주의 경제(attention economy)' 속 자원으로 소비되는 것이다.

심리학 연구에 따르면, 이러한 설계는 인간의 보상 체계와 즉각적 만족 욕구를 자극한다. 예컨대 무작위 보상(random reward)을 제공하는 SNS 알림이나 게임 아이템 보상 시스템은 도박과 유사한 중독 메커니즘을 작동시켜, 이용자가 반복적으로 접속하도록 만든다(Schull, 2012). 이 과정에서 개인은 스스로 선택한다고 느끼지만, 실제로는 알고리즘과 인터페이스에 의해 행동이 유도되고 있다.

특히 청소년과 청년 세대는 이러한 중독적 설계에 취약하다. SNS에서의 '좋아요(like)' 수, 스트리밍 시청 시간, 게임 레벨 업과 같은 지표는 사회적 인정과 자기 효능감과 직접 연결되며, 이는 이용자가 자율적 여가를 즐기는 대신 점수와 지표에 종속되도록 만든다. 장시간 몰입은 수면 부족, 학업 저하, 대면 관계 단절 등 다양한 부정적 결과를 초래하며, 여가가 본래 지닌 정신적·사회적 건강 증진 기능을 약화한다.

또한 중독 문제는 단순히 개인적 차원에 머물지 않고 사회적 함의를 가진다. 플랫폼이 설계한 경험에 과도하게 의존할 경우, 이용자는 여가의 주체성을 상실하고 점차 '수동적 소비자'로 전락한다. 나아가 사회 전체적으로도 비생산적 시간 사용이 증가하고, 공동체적 활동과 사회적 연대가 약화될 수 있다.

따라서 중독 문제는 단순한 개인의 자기 관리 영역이 아니라, 사회적 책임과 제도적 대응을 필요로 한다. 플랫폼 기업은 이용자의 체류 시간을 무한정 늘리려는 설계에서 벗어나 디지털 웰빙(digital well-being)을 보장하는 기능을 강화해야 한다. 동시에 사회는 중독 예방 교육, 이용 시간 관리 도구 제공, 디지털 시민성 함양 프로그램 등을 통해 이용자가 자율성을 회복할 수 있도록 지원해야 한다.

디지털 권리와 시민적 대응

AI 기반 여가 서비스가 확산되면서 개인정보 보호, 알고리즘의 투명성, 자율성 보장 등 시민의 디지털 권리가 중요한 사회적 의제로 부상하고 있다(정완, 2025). 여가가 단순한 오락의 영역을 넘어 삶의 질을 결정하는 핵심 요소가 된 만큼, 시민이 기술적 환경 속에서 자신의 권리를 적극적으로 행사할 수 있는 제도적 장치가 필요하다. 나아가 이러한 권리는 개인의 선택 차원에 머무르는 것이 아니라, 사회적 합의와 정책적 보장을 통해 공적 가치로 정립되어야 한다.

첫째, 데이터 주권의 강화가 필수적이다. 이용자가 자신의 개인정보가 어떤 방식으로 수집·분석·활용되는지 명확히 이해하고, 동의 여부를 능동적으로 결정할 수 있어야 한다. 이를 위해 플랫폼은 데이터 활용 과정에 대한 구체적이고 이해 가능한 설명을 제공해야 하며, 사용자는 데이터 삭제·이동·접근 권리를 실질적으로 보장받아야 한다. 특히 고령층이나 디지털 소외 계층을 위한 쉬운 안내 체계와 지원 프로그램도 병행되어야 한다.

둘째, 알고리즘의 투명성과 설명 가능성이 보장되어야 한다. 이용자는 왜 특정 콘텐츠를 추천받는지, 어떤 기준으로 정보가 필터링되는지를 알 권리가 있다. 알고리즘을 '블랙박스'로 두는 것이 아니라, 사회적으로 검증 가능한 형태로 설계해야 한다. 이는 선택의 자유를 보장하는 동시에, 편향과 차별을 예방하는 장치로 기능한다.

셋째, 플랫폼 기업은 과도한 이용을 유도하는 설계를 지양하고, 디지털 웰빙을 촉진하는 기능을 강화해야 한다. 예컨대 이용 시간 관리 도구, 콘텐츠 소비 알림, 자율적 휴식 권장 기능은 시민이 기술적 환경 속에서 스스로를 보호할 수 있도록 돕는다. 이러한 기능은 단순한 편의 서비스가 아니라, 이용자의 권리를 존중하는 윤리적 설계의 일부로 간주되어야 한다.

넷째, 시민적 대응 또한 필요하다. 개인은 디지털 리터러시를 강화하여, 알고리즘이 설계한 경험을 비판적으로 수용하고 스스로 여가를 기획할 수 있는 능력을 길러야 한다. 동시에 사회적 차원에서는 시민단체와 교육

기관이 협력해 디지털 권리 교육과 캠페인을 추진함으로써, 이용자가 권리 의식을 가지고 기술 환경에 참여할 수 있도록 해야 한다.

결국 디지털 권리는 여가의 자율성과 다양성을 보장하기 위한 핵심 조건이다. 기술 중심 여가의 발전이 인간적 가치와 충돌하지 않기 위해서는, 플랫폼의 책임성과 시민의 권리 의식이 함께 강화되어야 한다. 이를 통해 여가는 단순히 소비되는 시간이 아니라, 자유와 창의성이 실현되는 사회적 자원으로 자리매김할 수 있을 것이다.

AI 시대의 여가 윤리

AI 기반 여가 서비스는 개인의 즐거움과 편리함을 확장하는 동시에, 프라이버시 침해, 알고리즘 편향, 중독 문제와 같은 윤리적 과제를 드러낸다(윤상오, 2018). 여가는 본래 자유와 자율성을 기반으로 한 활동이지만, 오늘날에는 플랫폼이 설계한 경험 속에서 감시와 상업화, 그리고 선택의 왜곡에 종속될 위험에 직면해 있다. 이러한 문제는 단순한 기술적 부작용이 아니라, 여가의 본질적 가치와 시민의 권리를 위협하는 구조적 현상으로 이해되어야 한다.

앞으로 여가 연구와 사회적 논의는 기술이 제공하는

편리함에 안주하기보다 시민의 디지털 권리를 어떻게 보장할 것인가에 초점을 맞춰야 한다. 데이터 주권, 알고리즘 투명성, 디지털 웰빙은 단순한 기술적 장치가 아니라, 민주적 사회에서 여가의 자유를 지탱하는 기본 조건이다. 동시에 시민은 디지털 리터러시를 강화해 능동적으로 여가를 선택하고 기술 환경을 비판적으로 수용할 필요가 있다.

궁극적으로 미래의 여가는 기술적 진보와 인간적 가치가 균형을 이룰 때 비로소 자유롭고 창의적인 장이 될 수 있다. AI는 여가를 획일화된 소비로 제한할 수도 있지만, 반대로 인간의 자기실현과 사회적 연대를 확장하는 수단으로 기능할 수도 있다. 따라서 학문 · 정책 · 시민사회가 함께 협력하여 여가의 윤리적 기반을 강화하고, 디지털 권리를 제도적으로 보장할 때, 여가는 감시와 통제가 아닌 자유와 창조의 장으로 자리매김할 수 있을 것이다.

참고문헌

김주현(2023). "인공지능의 목소리, 규제할 수 있을까: 젠더 편향 해소를 위한 제안". 《법철학연구》, 26(3), 167~204쪽.

윤상오(2018). "인공지능 기반 공공서비스의 주요 쟁점에 관한 연구: 챗봇(ChatBot) 서비스를 중심으로". 《한국공공관리학보》,

32(2), 83~104쪽.
정완(2025). "디지털정의와 공정성에 관한 법적 과제". 《서강법률논총》, 14(2), 163~193쪽.
Bucher, T.(2018). *If... then: Algorithmic power and politics.* Oxford University Press.
Eikelboom, R.(2017). Irresistible: the rise of addictive technology and the business of keeping us hooked. *Perspectives on Science and Christian Faith, 69*(4), pp.253~255.
Pariser, E.(2011). *The filter bubble: How the new personalized web is changing what we read and how we think.* Penguin.
Schull, N. D.(2012). *Addiction by design: Machine gambling in Las Vegas.* Princeton University Press.
Tufekci, Z.(2018). How social media took us from Tahrir Square to Donald Trump. MIT Technology Review.
Zuboff, S.(2019). *The age of surveillance capitalism: The fight for a human future at the new frontier of power.* PublicAffairs.

10
포스트휴먼 여가의 전망

인간과 AI가 공존하는 미래 사회는 여가의 의미를 근본적으로 재편할 것이다. 기술은 인간의 능력을 확장하고 새로운 체험을 가능하게 하지만, 동시에 인간 중심적 가치와 자율성을 위협할 수 있다. 포스트휴먼 시대에 여가가 어떻게 변화할지를 전망하며, 인간다움을 회복할 수 있는 새로운 여가 철학과 정책 방향을 제안한다.

AI와 미래 의사?

포스트휴먼 사회와 여가의 재구성

포스트휴먼 사회는 인간과 기술, 특히 인공지능과 디지털 시스템의 경계가 점점 흐려지고 상호 결합이 심화되는 사회를 의미한다(Braidotti, 2019). 이러한 맥락에서 여가는 단순히 인간이 노동으로부터 해방된 뒤 향유하는 활동이 아니라, 인간과 비인간 행위자가 함께 만들어 가는 복합적 체험으로 재편되고 있다.

예를 들어, 가상현실(VR) 속에서 인간 이용자가 AI 아바타와 함께 놀이를 즐기거나, 증강현실(AR) 플랫폼에서 인공지능이 안내자 역할을 하며 새로운 경험을 제시하는 경우, 여가는 전통적 오락의 차원을 넘어선다. 또한 예술 창작의 영역에서는 인간이 주도하는 활동에 AI가 협력자로 참여해 음악, 회화, 영상물을 함께 생산하는 사례가 늘고 있다. 이처럼 여가는 더 이상 인간의 독점적 영역이 아니라, 인간-기계-환경이 얽혀 만들어 내는 포스트휴먼적 상호작용의 장으로 확장되고 있다.

해러웨이(Haraway, 2016)가 강조한 "혼종적 주체성(hybrid subjectivity)"의 개념은 이러한 변화를 설명하는 데 유용하다. 여가 속에서 인간과 AI, 그리고 가상적 환경이 결합하면, 개인은 단순한 '소비자'나 '참여자'가 아니라 인간과 비인간의 결합된 정체성으로서 새로운 경험을 구성한다. 예컨대 메타버스 콘서트에서 AI 가수가 인간과 함께 무대를 꾸미거나, 가상 커뮤니티에서 인간과 챗봇이 동일한 사회적 행위자로 참여하는 장면은 포스트휴먼 여가의 대표적 사례다.

이러한 변화는 여가의 개념적 지평을 확장하는 동시에 새로운 과제를 제기한다. 인간과 기술이 함께 활동하는 상황에서 '여가의 주체는 누구인가?', '자율성과 창의성은 인간만의 특권인가?'와 같은 근본적 질문이 떠오른다. 따라서 포스트휴먼 사회의 여가는 단순히 오락의 형태 변화가 아니라 여가의 철학적 기초와 사회적 의미 자체를 재구성하는 과정으로 이해되어야 한다.

인간 중심 여가 가치의 회복

AI와 디지털 기술이 인간의 일상과 여가에 깊숙이 스며들면서, 효율성과 편리함은 비약적으로 향상되었다. 그러나 기술 의존이 심화될수록 여가의 인간적 가치가 약화될 위험 또한 커지고 있다. 여가는 본래 자율성, 창의성, 공동체적 연대라는 인간 중심의 토대 위에서 발전해 왔다(민웅기, 2012). 따라서 포스트휴먼 시대에 여가를 재구성하는 과정에서 중요한 과제는 기술 중심적 효율성을 추구하는 동시에 인간다움의 본질을 회복하는 것이다.

역사적으로 여가는 단순히 노동으로부터 벗어나 잠시 몸을 쉬게 하는 소극적 활동에 머무른 것이 아니라(Blackshaw, 2010), 인간의 본질과 삶을 성찰하고, 자아와 공동체 속 위치를 되묻는 사유적 시간으로 이해되어 왔다(Haywood et al., 2019). 고대 그리스의 스콜레(schole) 개념에서부터 현대 심리학의 몰입(flow) 경험까지, 여가는 자율적 자기실현과 내적 성숙을 위한 핵심적 활동으로 강조되었다(Csikszentmihalyi, 2000). 그러나 오늘날 알고리즘 기반의 추천 서비스와 플랫폼 중심 여가는 개인이 주체적으로 선택하는 과정보다는 자동화된 제시를 수용하는 경험으로 축소되는 경향을 보인다. 이러한 맥락에서 인간 중심 여가 가치의 회복은 자율적 선택과 주체적 몰입의 경험을 되살리는 일과 직결된다.

또한 공동체적 측면에서도 인간 중심 여가의 복원이 필요하다. 기술 매개 여가는 편리하지만, 개인화된 취향에 갇혀 사회적 교류와 연대를 약화하는 부정적 효과를 낳을 수 있다. Putnam(2000)이 지적한 사회적 자본의 쇠퇴는 디지털 환경에서 더욱 두드러지게 나타난다. 따라서 포스트휴먼 시대의 여가는 개인의 고립을 심화시키는 대신, 기술을 매개로 오히려 공동체적 교류를 증진하는 방향으로 재편되어야 한다. 예를 들어 온라인 기반의 협업 창작, 지역 사회와 연계된 디지털 여가 활동은 기술과 인간적 가치가 균형을 이루는 사례로 제시될 수 있다.

더 나아가 인간 중심 가치의 회복은 감정적 교류와 정체성 형성의 측면에서도 중요하다. AI는 특정 패턴을 모방하여 감정을 흉내 낼 수 있지만 인간만이 지닌 공감, 윤리적 성찰, 정서적 유대는 대체하기 어렵다. 따라서 미래 여가는 단순히 기술적 몰입 경험을 제공하는 것에 그치지 않고, 인간적 감정과 관계 맺기를 강화하는 장이 되어야 한다. 이는 AI를 배제하는 것이 아니라 AI를 도구로 활용하여 인간다움의 본질을 더 선명하게 드러내는 과정으로 이해될 수 있다.

결과적으로 인간 중심 여가 가치의 회복은 포스트휴먼 시대의 핵심 과제다. 여가는 기술의 편리함 속에서도 자율성, 창의성, 공동체성, 그리고 인간적 감정 교류를 보존해야 한다. 이러한 균형이 이루어질 때, 여가는 단순한 오락이 아니라 자기성찰과 사회적 연대의 장으로 자리매김할 수 있을 것이다.

새로운 여가 철학의 중요성

포스트휴먼 시대에는 인간과 기술의 공존을 전제로 한

새로운 여가 철학이 요구된다. 전통적으로 여가는 노동과 대립되는 개념으로 이해되어 왔으며, '일하지 않는 자유로운 시간'이라는 정의가 오랫동안 유지되었다(Pieper, 2009). 그러나 AI와 디지털 기술이 일상과 노동, 여가의 경계를 흐리게 만들면서 이러한 구분은 더 이상 충분하지 않다. 오늘날 많은 활동은 노동과 여가의 요소를 동시에 담고 있으며, 특히 크리에이터 경제나 메타버스 기반 활동은 놀이와 노동, 창작과 소비가 혼합된 형태를 보여준다. 따라서 기존 철학은 변화한 현실을 설명하는 데 한계가 있으며 새로운 개념적 틀이 필요하다.

새로운 여가 철학은 인간과 비인간 주체가 협력하는 창의적 실험의 장을 전제로 한다. AI가 창작의 동반자가 되고, 가상현실 속 아바타가 또 다른 자아를 대변하는 상황에서 여가는 더 이상 인간 개인의 경험에 국한되지 않는다. 여가는 인간 · 기계 · 환경이 얽혀 형성하는 관계적 과정으로 확장되며, 이는 존재론적 전환을 요구한다. 즉, 여가는 '무엇을 소비하는가'에서 '어떻게 존재할 것인가'라는 질문으로 이동한다. 브라이도티(Braidotti, 2019)가 말하는 포스트휴먼적 주체성은 여가 연구에도 적용되어, 인간 중심의 사고를 넘어 다중적이고 분산된 존재로서의 인간을 전제하는 철학적 사유를 촉진한다.

이러한 철학적 전환은 단순한 추상적 논의가 아니라 실제 여가 경험과 직결된다. 예컨대 메타버스 공간에서의 콘서트 참여는 단순한 음악 감상이 아니라, 인간과 기술이 결합해 새로운 정체성과 사회적 관계를 만들어 내는 행위다. 또한 AI 미술 생성 도구를 활용한 창작은 기존의 예술 활동을 넘어, 인간의 상상력과 비인간적 연산 능력이 융합된 새로운 창조적 체험으로 이해될 수 있다. 이러한 경험은 여가를 단순한 소비 행위에서 벗어나, 존재의 확장과 새로운 정체성 실험의 장으로 격상시킨다.

결과적으로 새로운 여가 철학은 인간다움의 본질을 기술과의 협력 속에서 재정의하는 작업이다. 여가는 더 이상 '비생산적 시간'의 의미에 머물지 않고, 인간과 비인간의 상호작용 속에서 자율성, 창의성, 정체성 탐색이라는 새로운 가치를 창출하는 장으로 자리 잡아야 한다. 따라서 여가 연구는 기존의 인간 중심적 틀을 넘어서, 포스트휴먼적 조건을 반영하는 철학적 기반을 마련해야 할 것이다.

포스트휴먼 여가를 위한 제도적 전환

포스트휴먼 시대의 여가는 정책적 차원에서 새로운 접근을 요구한다. 단순히 디지털 기술을 여가 서비스에 접목하는 차원을 넘어, 인간과 AI가 공존하는 사회적 맥락 속에서 여가의 의미를 제도적으로 재구성해야 하기 때문이다. 이는 문화 정책, 교육, 기술 규제 전반에 걸친 포괄적 전환을 필요로 한다.

첫째, 기술 접근성의 불평등을 해소하는 정책이 필요하다. 포스트휴먼적 여가 환경은 고도화된 디지털 기술을 기반으로 하지만, 모든 세대와 계층이 동등하게 접근할 수 있는 것은 아니다. 경제적 여건이나 세대별 디지털 리터러시 수준의 차이는 여가 격차로 이어진다. 따라서 공공 차원의 교육 프로그램, 저비용 혹은 무상 접근 서비스, 그리고 고령층 맞춤형 디지털 역량 강화 정책이 병행되어야 한다.

둘째, AI 기반 여가 서비스의 윤리적 문제를 제도적으로 관리해야 한다. 개인정보 보호, 알고리즘 편향, 중독 문제는 단순한 개인적 차원의 문제가 아니라 사회 전체의 윤리적 과제다. 따라서 정부와 플랫폼 기업은 알고리즘의 투명성을 보장하고, 이용자의 데이터 권리를 보호하며, 디지털 웰빙을 촉진하는 설계를 제도화해야 한다. 이는 여가를 감시와 소비의 장이 아닌 자유와 창조의 공간으로 보장하는 필수 조건이다.

셋째, 인간 중심의 창의성과 공동체적 가치를 강화하

는 문화 정책이 필요하다. 기술이 여가를 효율적으로 만들어줄 수 있지만 감정적 교류, 정체성 형성, 사회적 연대와 같은 인간적 가치는 기술이 대체할 수 없다. 따라서 예술 · 스포츠 · 공동체 활동과 같은 인간 중심 여가 영역에 대한 지원을 확대하고, 동시에 디지털 환경 속에서도 공동체성을 회복할 수 있는 프로그램을 설계해야 한다. 예컨대 온라인 협업 창작 플랫폼이나 메타버스 기반 공동체 프로젝트는 기술과 인간적 가치가 융합된 사례로 발전할 수 있다.

넷째, 학문적 · 정책적 논의는 여가를 단순한 '소비'가 아닌 사회적 자원으로 바라보는 관점을 채택해야 한다. 여가는 개인의 행복을 넘어서 사회적 연대, 문화적 다양성, 민주적 참여를 촉진하는 중요한 장이다. 따라서 여가 정책은 경제적 성장이나 산업 진흥만을 목표로 하기보다 인간다움의 회복과 사회 통합을 핵심 목표로 삼아야 한다.

결국 포스트휴먼 시대의 여가는 기술적 진보와 인간적 가치 사이의 균형 속에서 재정립되어야 한다. 이를 위해서는 제도적 보완, 윤리적 규범, 교육적 지원, 문화적 프로그램이 함께 작동해야 하며, 이러한 종합적 접근이 이루어질 때 여가는 단순한 소비 활동을 넘어 사회적 포용과 연대의 토대로 자리 잡을 수 있을 것이다.

포스트휴먼, 인간다움의 여가를 향하여

인간과 AI가 공존하는 포스트휴먼 사회에서 여가는 단순한 오락의 영역을 넘어, 인간다움과 기술의 관계를 재정의하는 중요한 장이 된다. 기술은 무한한 편리함과 새로운 가능성을 제공하지만, 그 자체로 여가의 본질을 보장하지 않는다. 오히려 프라이버시 침해, 알고리즘 편향, 자율성의 약화와 같은 문제는 여가의 본래적 가치인 자유와 창의성을 위협할 수 있다(Koo et al., 2021). 따라서 미래 여가의 방향은 기술적 진보를 수용하면서도 인간 중심적 가치를 회복하는 데 두어야 한다.

특히 여가는 자율적 선택과 주체적 몰입, 그리고 공동체적 교류를 통해 인간 정체성을 강화하는 장으로 기능해야 한다. AI와 같은 비인간 행위자가 여가 경험에 참여하더라도, 그것은 인간다움을 희석하는 것이 아니라 오히려 인간적 가치를 드러내고 확장하는 계기로 활용되어야 한다. 예를 들어 AI 협업 창작이나 메타버스 기반 공동체 활동은 기술과 인간이 함께 새로운 형태의 문화적 경험을 창출하는 긍정적 사례가 될 수 있다.

정책적으로도 포스트휴먼 시대의 여가는 단순한 산업

진흥이 아니라 사회적 포용과 권리 보장을 핵심 목표로 삼아야 한다. 데이터 주권과 알고리즘 투명성을 강화하고 세대 · 계층 간 디지털 격차를 줄이며, 인간 중심의 창의성과 공동체적 연대를 증진하는 방향으로 정책이 설계되어야 한다. 또한 학문적 차원에서도 여가는 노동 · 소비의 대립적 개념을 넘어, 기술과 인간이 함께 구성하는 새로운 실존적 실천으로 재위치해야 한다.

결론적으로 포스트휴먼 시대의 여가는 기술이 주도하는 단순한 소비의 장이 아니라, 인간이 기술을 비판적으로 수용하고 자기실현과 사회적 연대라는 본래적 가치를 강화할 때 비로소 진정한 의미를 가질 수 있다. 따라서 미래 여가는 "인간다움의 확장된 공간"으로 정의될 수 있으며, 이는 철학적 사유와 제도적 실천이 함께 어우러질 때 가능할 것이다.

참고문헌

민웅기(2012). "성찰적 여가활동으로서의 문화관광의 의미: 욕구의 개인화와 생활문화적 시민권 개념을 중심으로". 《관광연구논총》, 24(3), 123~143쪽.

Blackshaw, T.(2010). *Leisure*. Routledge.

Braidotti, R.(2019). *Posthuman knowledge(Vol. 2)*. Polity Press.

Csikszentmihalyi, M.(2000). Happiness, flow, and economic

equality. *American Psychologist, 55*(10), pp.1163~1164.

Haraway, D. J.(2016). *Staying with the trouble: Making kin in the Chthulucene.* Duke University Press.

Haywood, L. et al.(2019). *Understanding leisure.* Routledge.

Koo, C. et al.(2021). Artificial intelligence (AI) and robotics in travel, hospitality and leisure. *Electronic Markets, 31*(3), pp.473~476.

Pieper, J.(2009). *Leisure: The basis of culture.* Ignatius Press.

Putnam, R. D.(2000). *Bowling alone: The collapse and revival of American community.* Simon & Schuster.

정은성

호남대학교 관광경영학과 교수, RISE사업단 문화예술·관광도시 활성화 과제의 책임교수와 HUSS사업단 글로벌공생학 주임교수, 관광문화연구소장이다. 미시간주립대학교에서 국제계획학 석사와 관광레저학 박사 학위를 받았다. 한국은행 광주·전남지역본부 자문교수와 광주광역시 축제평가단 위원으로도 활동하고 있다. 관광 및 여가학 분야 전문가로서 교육부 관광·레저·외식 분야 교육과정위원, 관세청 보세구역 관광인프라 특허심사위원, 전라남도 도시계획위원회 관광 및 문화 분야 위원, 광주광역시 축제육성위원회 위원장, 제7차 전남권 관광개발계획 책임연구원 등으로 활동했다. 주요 저서로 《웰니스의료관광코디네이팅》(2025), 《호텔·외식산업 영어회화》(2015) 등이 있다. "지역 내 관광개발에 따른 지역 주민의 스트레스 발생요인 척도 개발"(2024) 등 70편 이상의 논문을 KCI, SSCI, SCOPUS 등 학술지에 게재했다.